왜 우리는
돈에 지배당하는가?

왜 우리는 돈에 지배당하는가?

제1판 제1쇄 발행일 2026년 2월 19일

글 _ 홍기빈, 이라영, 천정환, 김종철, 우석훈, 정창수, 이상민
기획 _ 인권연대, 책도둑(박정훈, 박정식, 김민호)
디자인 _ 채홍디자인
펴낸이 _ 김은지
펴낸곳 _ 철수와영희
등록번호 _ 제319-2005-42호
주소 _ 서울시 마포구 월드컵로 65, 302호(망원동, 양경회관)
전화 _ 02) 332-0815
팩스 _ 02) 6003-1958
전자우편 _ chulsu815@hanmail.net

ISBN 979-11-7153-041-0 43300

철수와영희 출판사는 '어린이' 철수와 영희, '어른' 철수와 영희에게 도움 되는 책을
펴내기 위해 노력합니다.

왜 우리는
돈에 지배당하는가?

기획  인천연대

글 홍기빈, 이라영, 천정환, 김종철, 우석훈, 정창수, 이상민

철수와영희

인권으로 살펴본 돈 이야기

자본주의 사회는 돈이 전부인 것처럼 보입니다. 많은 부분이 그렇게 굴러갑니다. 한국 사람들은 흔히 "돈만 있으면 살기 좋다"는 말을 합니다. 실제로 그렇습니다. 돈이 있으면 할 수 있는 게 많지만, 돈이 부족하면 사는 게 너무 힘듭니다. 가난은 때론 형벌과도 같습니다. 부를 자식에게 세습해서 부자의 자식은 부자가 되고, 가난한 사람은 가난을 물려줘야 하는 상황도 반복되고 있습니다.

상황이 좋지 않습니다. "개천에서 용 난다"는 말은 현실을 하나도 반영하지 못하는 옛말이 되어버렸습니다. 변호사 아들이 변호사가 되고, 의사 딸이 의사가 됩니다. 재벌 자식이 다시 재벌이 되는 일은 이제 3세를 넘어 4세까지 이어지고 있습니다. 부의 대물림, 빈곤의 대물림을 반복하고 있습니다. 부는 양극화되었고, '부익부 빈익빈'은 한국 사회의 실태를 그대로 보여주는 말이 되었습니다. 소득 하위 20%가 열심히 노력해서 상위 20%가 되는 것조차 불가능해 보일 지경입니다.

그래서 인권에 대해 고민하면서 돈 문제를 생각하지 않을 수 없습니다. 돈이 많으면 인권을 보장받을 가능성이 커지고, 돈이 없으면 그 자체로 인권을 침해당하는 상황에 놓이게 됩니다. 이 문제를 어떻게 풀면 좋을까요? 돈과 관련한 여러 가지 문제를 당연한 것처럼 여기며 지낼 수는 없습니다. 문제를 제대로 보고, 답을 찾아야 합니다.

경제학자, 예술 사회학자, 국문학자, 헌법학자, 그리고 나라 살림 연구자까지 여러 전문가 선생님들께 돈 문제를 어떻게 봐야 하는지, 구체적으로 어떻게 풀어야 할지를 여쭤봤습니다. 그 결과, 이 한 권의 책을 여러분 앞에 내놓게 되었습니다.

경제학자 홍기빈 선생님은 마치 두 마리의 토끼처럼 '빵과 장미'를 함께 쫓는 방법을 제안하고 있습니다. 맞습니다. 사람은 빵과 장미, 어느 하나만으로는 살 수 없습니다. 그러니 조화가 필요합니다.

예술 사회학자 이라영 선생님은 돈을 시간에 빗대어 살피고 있습니다. 누군가의 여유가 누군가의 고된 노동 덕에 얻어진 것임을 지적하고, 여성·이주민 등 누구에게나 공평한 시간을 위해 노력하자고 제안합니다.

문학을 연구하고 가르치는 천정환 선생님은 돈을 어떻게 쓰는지에 대한 궁리를 나눠줍니다. 진정으로 자유롭고 또 평등한 삶을 위한 돈벌이, 개별적으로 파편화된 돈벌이를 사회적 차원, 공동체 차원에서 챙겨봅니다.

헌법학자 김종철 선생님은 가장 중요한 원칙이며, 최고의 규범인 헌법을 통해 돈 문제를 보여줍니다. 국민 생활은 균등하게 향상되어야 하고, 적절한 소득의 분배가 국가의 책무라는 사실을 확인시켜줍니다.

경제학자 우석훈 선생님은 더 적극적인 인권, 곧 최소한의 권리에서 한 걸음 더 나아가 행복하게 살 권리로서의 인권에 주목합니다. 자고 쉬는 등 일상에서의 인권 문제를 살펴봅니다. 생활 자체가 인권 문제라는 겁니다.

나라살림연구소 정창수 소장님은 예산을 아는 만큼 우리 삶이 달라진다고 합니다. 무료 버스부터 무상 교육, 무상 급식 등 국가 예산을 잘 쓰면, 그 혜택과 효과가 바로 나타나는 경우가 많다는 겁니다. 중요한 건 예산에 대한 관심입니다.

나라살림연구소 이상민 수석연구위원님은 민주화가 밥 먹

여준다는 사실을 실증적으로 보여줍니다. 국가 재정을 어떻게 쓰는가를 결정하는 것은 중요한 정치 행위이고, 경제 문제의 핵심이랍니다. 예산을 잘 쓰면 국민이 잘살 수 있습니다.

이 책을 보면, 돈 문제를 어떻게 볼 것인지, 대한민국 헌법이라는 최고의 규범은 돈 문제를 어떻게 보고 있는지, 그래서 돈 문제는 결국 어떻게 풀어야 하는지, 우리 후속 세대에게 어떻게 가르쳐야 할지 등 돈과 관련한 다양한 쟁점을 두루 살펴보고 있습니다. 돈 문제는 자본주의 사회의 핵심이라 할 만큼 매우 중요합니다. 이를 제대로 알고 대응하는 게 중요합니다.

좋은 책입니다. 읽어보시고, 주변에도 권해주시기 바랍니다. 늘 감사합니다.

오창익(인권연대 사무국장)

차례

1장

빵과 장미는 어디로 갔나?

홍기빈

홍기빈

서울대학교 경제학과와 외교학과 대학원을 졸업하고 캐나다 요크대학교 정치학과에서 정치경제학으로 박사 과정을 수료했다. 글로벌정치경제연구소 소장을 맡고 있다. 쓴 책으로는 『어나더 경제사 1, 2』, 『비그포르스, 복지 국가와 잠정적 유토피아』 등이 있으며, 옮긴 책은 『거대한 전환』, 『칼 마르크스: 위대함과 환상 사이』, 『도넛경제학』 등이 있다.

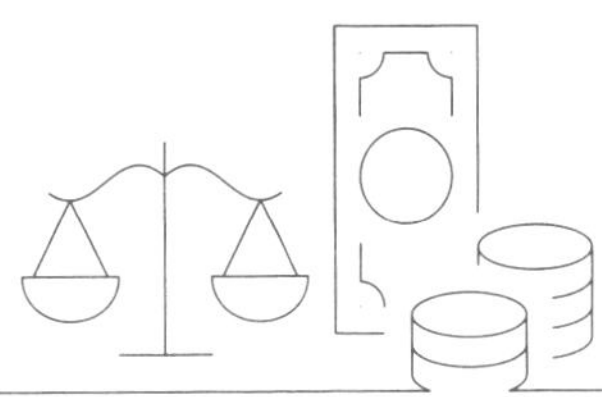

　오늘의 주제는 '빵과 장미'입니다. 이는 20세기 초 미국 노동운동 현장에서 나온 표현인데요. '빵'은 서구 사회의 주식으로 생존을 위한 노동을 의미합니다. 그렇다면 '장미'는 무엇일까요? 바로 아름다움을 추구할 권리예요. 따라서 '빵과 장미'라는 표현은 우리가 인간답게 노동할 권리를 의미합니다.

　오늘날 노동 환경은 과거 노동운동이 한창이던 때와 매우 다릅니다. 2차 세계 대전 이후 수정 자본주의 정책이 강화되면서 노동권도 교육, 환경처럼 인간다운 삶을 추구하는 사회권의 일부로 인식하게 되었어요. 한편 '노동' 자체의 성격도 크게 변합니다. 그동안 자본주의가 계속 진화했기 때문이에요.

노동 환경의 변화와 인권

20세기 중반까지만 해도 '노동' 하면 어떤 고정된 상이 있었습니다. 사람들이 한 장소에 모여 일정한 시간 동안 노동력을 제공하는 형태였죠. 자본주의가 지속되는 한 이 방식은 크게 변하지 않을 거로 생각했어요. 그런데 막상 21세기에 들어와 보니 어때요, 노동의 방식이 너무나 많이 바뀌어서 고전적 이론으로는 설명할 수가 없게 되어버렸습니다. 제가 왜 이런 말씀을 드리냐면, '노동권'이라는 개념이 태동했던 시절의 관점으로는 지금의 노동권을 지키기가 어렵게 되었기 때문입니다.

실제로 우리 주위에는 노동법으로 보호받지 못하는 노동자들이 너무도 많습니다. 정부의 의지도 문제지만 '노동'에 관한 개념 자체를 바꿔야 하는데, 그러지 못한 측면도 있어요. 한 가지 예를 들겠습니다. 근로기준법에는 노동자의 단결권이 규정되어 있죠. 이러한 내용이 법으로 제정된 바탕에는 다음과 같은 생각이 깔려 있었어요.

자본주의 사회에서 약자인 노동자들의 단체 행동을 법으로 보장하면 협상력을 높여 스스로 문제를 해결할 수 있다고 본 거죠. 하지만 지금의 노동 시장은 과거와 크게 다릅니다.

앱을 통해 오더를 받아 일하는 플랫폼 노동자는 작업장 자체가 없어요. 각자 떨어져서 일하는 이들에게 단결권을 보장한다고 해도 서로 뭉치는 데 한계가 있어요. 편의점에서 아르바이트하는 분들은 또 어떤가요? 일하는 시간도 다르고 지역도 다른 이들이 한데 모여 단체 행동을 할 수 있을까요? 예전처럼 같은 작업장에서 여럿이 모여 일할 때라면 모를까 지금처럼 개별화되어 일하는 상황에서 단결권은 그 취지가 무색해지기 쉽습니다.

법에서 보장한 단결권이 실현되려면 몇 가지 조건이 충족되어야 합니다. 현장에서 일하시는 분들은 체감할 텐데요. 일단 모이려면 시간적 여유가 있어야 합니다. 조직화하는 데는 비용도 들죠. 노조를 만들고 전임자를 두려면 조합비를 걷어야 하잖아요. 규모가 큰 대형 사업장이라면 모를까 소수 인원이라면 부담이 됩니다. 이런 이유들 때문에 오늘날 노동권을 보호하는 법들이 제구실을 하고 있는지 의문을 품는 사람들이 많습니다.

전통적인 '노동'의 개념에 포함되지 않는 노동을 하는 이들이 많아지면서 사각지대도 늘고 있습니다. 우리나라 정규직이나, 노동조합이 있는 대규모 사업장은 단체 협상을 통해 노동권을 보장받으려는 노력을 계속하고 있습니다. 문제는 열악한 환경에서 일하는 분은 그럴 환경이 안 된다는 거예요. 노동 시장이 변화함에 따라 거기에 걸맞은 제도 개선이 이루어지지 않았기 때문입니다. 그러려면 전통적인 '노동'의 개념부터 바꾸어야 합니다. 새롭게 해석하고 혁신하려는 노력이 필요해요. 저는 추상적이고 철학적인 논의와는 별개로 노동 현장에 관한 면밀한 연구와 조사가 뒷받침되어야 한다고 봅니다.

"인생에 빛나는 것들을 모두 함께 나누자"

노동 시장의 변화는 모든 노동자가 보편적으로 겪는 현실입니다. 너무 빨리 바뀌다 보니 일부 노동자들은 생존에 위협을 느낄 정도예요. 19~20세기적 사고로 보면 노동자의 고통은 배고픔이었습니다. 잠도 못 자고 일하면서도 턱없이 적은 임금을 받았습니다. 이런 시각으로는 오늘날 노동자들이 겪는 어려움을 이해하기 어렵습니다. 21세기를 사는 노동자들은 인간으로서 당연히 누려야 할 권리를 여전히 침해받고 있어요. 19세기 노동자들이 처한 현실과 일맥상통하는 지점입니다. 시를 한 편 읽으면서 계속해보죠.

우리는 행진하고 행진한다, 아름다운 햇빛 속에서.

백만 개의 시커먼 부엌 아궁이와 천 개의 공장 다락의 어두움이

갑자기 밀어닥친 눈부신 햇빛에 쫓겨 멀리 달아난다.

사람들이 우리 노래를 들었기 때문이다. 빵과 장미를, 빵과 장미를!

제임스 오펜하임James Oppenheim의 〈빵과 장미Bread and Rose〉라는 시 앞부분입니다. 1912년 1월 미국 동부 지역 로렌스라는 도시에서 큰 파업이 벌어졌어요. 섬유산업이 발달한 로렌스에는 노동자들이 많이 살았습니다. 특히 이민자들이 많아서 수십 개 나라에서 몰려들었다고 해요. 이들은 반 이상이 영어로 소통이 안 되는 상태였습니다. 그런 상황에서 파업이 벌어졌다는 건 굉장히 이례적인 일이었어요. 그만큼 절박했다는 이야기겠지요.

파업은 노동자의 승리로 끝났습니다. 20세기 미국 노동운동사에 길이 남을 승리로 기록되고 있어요. 훗날 브루스 왓슨Bruce Watson이라는 작가가 파업의 배경과 진행 과정, 결과 등을 정리하여 보고서 형식으로 책을 냈어요. 제가 번역 작업을 해서 2024년에 한국어판이 나왔습니다. 제목은 『빵과 장미

로렌스 지역의 파업 참여자들(오른쪽)을 포위한
매사추세츠주 민병대 모습(왼쪽).

예요.

위의 시는 파업이 일어나기 바로 전 해에 발표되었어요. 시 전문을 읽어보면 당시 노동자들의 고통이 생생하게 느껴집니다. 한마디로 삶을 삶답게 향유하지 못하는 상태에 있었어요. 그들은 힘들고 배고프다는 이야기를 하려는 게 아니었어요. 인간다운 삶을 요구했습니다. 빵만으로는 살 수 없다고, 장미로 상징되는 삶의 풍요함을 향유할 권리를 달라고 했어요.

보통 언론에 소개되는 노동자의 요구들은 임금을 얼마 인상하라, 정리 해고 철회하라, 이런 것들입니다. 정말 근본이 되는 '인간다운 삶'을 간과할 때가 있어요. 표면적인 요구뿐 아니라 그 아래 깔린 인권적 측면을 이해해야 합니다. 참고로 〈빵과 장미〉라는 시는 다음과 같은 구절로 끝납니다.

허드렛일로 허리가 휘는 사람 따로, 빈둥거리며 게으름 피우는 사람 따로인 세상은 이제 끝이다.
대신 인생의 온갖 빛나는 것들을 모두와 함께 나누자.
빵과 장미를, 빵과 장미를!

100여 년 전 노동자들의 외침인데 낯설지 않습니다. 지금도 여전히 많은 이가 '장미'를 향유하지 못하는 현실 때문인지도 모릅니다. 1912년 당시에는 노동조합 결성이 무척 어려웠습니다. 그나마 고임금을 받고 대우가 좋은 숙련공은 직종 조합 같은 게 있었습니다. 하지만 로렌스 파업을 일으킨 사람들은 하층 노동자들이었어요. 이들에게는 노동조합이 허락되지 않았습니다. 주 단위로 임금을 받았는데, 그 액수도 형편없었습니다. 가난할 수밖에 없었죠. 19세기 초 영국이랑 비슷했어요. 겨우 하루 세끼 먹고살 정도였죠. 그러다 파업 등 단체 행동을 통해 열악한 노동 조건들을 하나하나 개선해 나갑니다.

1930년대 이후쯤 되면 공장에 노동조합이 생기고 단체 협상을 통해서 매년 임금이 오릅니다. 고용도 안정이 되고 각종 수당과 퇴직금, 연금이 생깁니다. 그래서 1950년대 대규모 사업장, 예를 들어 미국 자동차 산업에 종사하는 남성 백인 노동자의 경우는 '장미'를 향유할 수 있었어요. 삶의 질이 올라갑니다. 주말이면 노동자들끼리 모여서 맥주를 마시며 바비큐 파티를 했습니다. 오늘날 '러스트 벨트Rust Belt'라고 해서 과거 자동차와 철강 등의 산업이 발달했던 지역이 그랬습니다. 노동자들이 중산층의 삶을 영위했었죠. 그러다가 20세기

말, 21세기 초가 되면서 해당 산업이 쇠퇴하고 실업자가 급증했습니다. 한때 '장미'를 향유했던 사람들이 다시 '빵' 걱정을 해야 할 상황에 놓인 거예요.

지금과는 달랐던 1980년대 생애 주기

이건 단지 미국만의 이야기가 아닙니다. 우리나라 역시 1980년대 이후 나아지던 노동 조건들이 최근 상당히 악화되고 있죠. 일자리가 흔들리니 사람들이 불안해합니다. 휴일에도 마음 편히 쉬지 못해요. '도서관에 가서 공부를 하든, 알바를 해서 돈을 벌든, 뭐라도 해야 할 텐데.' 이런 생각을 합니다. 가만히 있으면 뭔가 불안해요. 직장인이든 취업 준비생이든 마찬가지입니다. 삶을 향유할 만한 정신적인 여유 같은 게 없어요. '이대로는 부족하다'는 생각뿐입니다.

어쩌나 이렇게 되었을까요? 이는 우리나라 노동 시장의 변화와 깊은 관련이 있습니다. 해방 이후 산업화가 정착되기 시작한 1970~80년대 우리나라 평범한 사람들의 라이프 사이클은 다음과 같았습니다.

학교 들어가기 전까지는 그냥 놀아요. 골목에서 친구들과 공도 차고 여기저기 놀러 다닙니다. 그러다 해 질 무렵 집에 돌아가서 저녁 먹는 게 일과였어요. 초등학교 들어가도 이런 생활은 크게 안 바뀝니다. 죽어라 공부하는 애는 별로 없어요. 쉬는 시간이면 운동장 나가서 공 차고 딱지치기하고 구슬치기 하고 그럽니다. 한마디로 입시 스트레스라는 게 없었어요. 고등학교 2학년까지 그런 상태를 유지합니다. 물론 중학교 때부터 열심히 하는 아이들도 있었습니다만, 소수였어요. 대부분은 고등학교 2학년쯤 되어서야 진지하게 입시 공부를 했습니다. 그래서 이때는 1~2년 바짝 공부해서 서울대 갔다는 얘기가 심심찮게 들렸어요.

당시 노동 시장에 진출한 노동자는 대략 다음 범주에 속했습니다. 하나는 고졸 이하의 학력을 가진 사람들입니다. 저학력이다 보니 보통 자영업이나 생산직, 일용직 등에 종사했습니다. 그다음이 실업계 고등학교 졸업생입니다. 이들은 상업고등학교를 나와 경리 업무를 맡거나 공업고등학교를 나와 공장 노동자로 사회생활을 시작했어요. 대학을 졸업한 계층은 화이트칼라 노동자가 되었습니다. 그중에서도 상위권 대학 출신은 이른바 엘리트 노동 직군으로 분류되었어요. 각종 고시나 유학을 통해 더 좋은 일자리를 얻으려는 이들도 꽤 있었고요. 다만 대학 진학률 자체가 높지 않아서 1980년대만 해도 30% 중반 수준이었습니다.

그렇게 해서 20~25세가 되면 대부분 노동 시장에 진출합니다. 남성들은 군대를 다녀와야 하니까, 고등학교 졸업하고 바로 사회에 진출하면 23~24세, 대학에 갔다면 27~28세면 취직했어요. 고용도 안정되었기에 정년까지 한 직장에서 쭉 다녔습니다.

여성은 취업자가 많지 않았어요. 노동 시장에 진입한다고 해도 30세 이전에 퇴직하고 결혼해서 전업주부 생활을 하는 게 일반적이었습니다. 상업고등학교를 졸업해 경리로 취직했다면 19세에 직장 생활을 시작하는 거예요. 그렇게 4~5년 일하다가 23~24세가 되면 결혼합니다. 믿기지 않겠지만 당시는 26세만 되어도 '노처녀'라고 했어요. 그래서 20대 중반을 넘으면 직장 생활을 하고 결혼해서 가정을 꾸렸습니다. 이 모든 게 30세 이전에 이루어져요. 그래서 서른이면 벌써 '기성세대'로 분류했어요. 이러한 세대 관념의 흔적은 대중문화에 고스란히 남아 있습니다. 예를 들어 1998년 개봉작인 〈8월의 크리스마스〉라는 영화에 서른 넘으면 중년으로 취급하는 장면이 나와요. 김광석의 노래 〈서른 즈음에〉도 같은 맥락이고요.

30~40대는 직장 생활 열심히 해서 집 마련하고 아이를 키

우는 데 주력합니다. 그러면서 50대까지 보냅니다. 요즘은 퇴직할 나이지만 그때는 그럭저럭 다녔어요. 웬만하면 잘릴 일이 없었습니다. 작은 회사에서도 평생직장 개념이 있어서 함부로 해고하지 않았어요. 이를 반영하는 게 당시 유행하던 '만년 과장'이라는 호칭이었습니다. 연속극 등에 능력이 없어서 진급은 못했지만 직장 생활은 계속하는 캐릭터가 꼭 있었어요. 이래저래 눈치 보면서 버티는 사람이죠. 그러면서도 해고당할 걱정은 안 합니다.

그렇게 직장 생활을 하다가 60세가 넘으면 정년퇴직을 합니다. 퇴직금을 들고 회사 밖으로 나오면 더 이상 소득이 없어요. 연금이나 특별한 소득이 없는 상태에서 생활은 어떻게 해결했을까요? 그 나이면 이미 자식들이 직장 생활을 하기 때문에 그 돈으로 부모를 봉양하리라는 기대를 하고 있었어요. 그래서 당시 "노후 준비 어떻게 하고 계십니까?" 하고 물으면 "아니, 내가 자식 농사를 멀쩡히 다 지었는데 왜 노후를 걱정하냐?" 이렇게 대답하는 사람이 무척 많았습니다. 기대수명이 70~80세였기에 퇴직 후 자식들과 함께 10년, 20년쯤 살다가 죽는다고 생각했어요. 이것이 1980년대까지 우리나라 사람들의 평균 인생 주기였습니다.

'위기 관리'에 지친 한국 사회

1990년대 이전 한국인의 생애 주기는 노동 시장과 밀접한 관계에 있었습니다. 특히 입시 스트레스가 없었다는 점이 특징적이에요. 덕분에 스무 살이 될 때까지 다양한 경험을 할 수 있었어요. 대학에 가서도 각종 동아리 활동을 하면서 하고 싶은 걸 했습니다. 또 하나 주목할 점은 젊은 나이에 노동 시장에 진입한다는 것입니다. 게다가 일단 직장에 들어가면 거기서 오랫동안 일할 수 있었습니다. 노동 시장이 안정되다 보니 학교 다니고 졸업해서 일찌감치 취업하고 가정을 이루는 게 가능했습니다. 미래의 삶이 예측 가능했고 소위 말하는 '리스크'가 별로 없었습니다.

리스크는 우리가 관리해야 할 위험을 말합니다. 위험에는 사람 힘으로 어찌할 수 없는 것과 그렇지 않은 것이 있어요. 이를테면 들판에 나갔다가 벼락을 맞는다는지, 무슨 사고를 당한다는지 하는 건 어쩔 수 없어요. 천재지변 같은 사고는 위험성을 알아도 통제할 수 없습니다. 다른 하나는 관리 가능한 위험입니다. 이탈리아어로 리스크^{rischio}는 원래 암초를 뜻했다고 합니다. 옛날식 영어에서는 "run a risk of"가 암초가 많은 바다를 뚫고 지나간다는 의미로 쓰였고요. 이런 위험은 우리가 어떻게 하느냐에 따라 결과가 달라집니다. 그래서 리스크는 보험업의 기반이 됩니다. 어쩔 수 없는 위험이라면 그럴 수 없겠죠. 만약 암 치료법이 없다면 암 보험은 성립이 안 됩니다. '미리 준비해서 돈을 모아놓으면 치료받을 수 있다'는 믿음이 있어야 보험 상품을 팔 수 있으니까요.

1980년대까지 인생 주기에서 리스크가 별로 없었다는 말은 대안이 있었다는 뜻입니다. 당시는 고등학교 올라갈 때 연합고사를 치렀습니다. 떨어지는 사람도 간혹 있었지만 지금 대입처럼 치열하지는 않았어요. 중요한 건 대학 입시였고, 낙방한다고 해서 끝이 아니었습니다. 당시는 대학이 아니어도 살길은 있다고 생각했어요. 실제로 고등학교만 나와도 그럭저럭 먹고사는 데 지장이 없었습니다.

가정을 이루는 것도 마찬가지였어요. 어떻게든 되겠지, 하면서 나이가 차면 당연하다는 듯이 결혼을 했어요. '내일을 위해 지금 이걸 준비해야 해. 안 그러면 실패할 거야' 이런 식으로 리스크를 관리하지는 않았다는 뜻입니다. 여기에는 당시 노동 시장의 안정성이 큰 역할을 했습니다.

1980년대까지 인생 주기에서 리스크를 줄인 요인 중 하나는 장기 고용입니다. 산업적으로 볼 때 당시는 기술 발전이나 시장 변화 속도가 지금처럼 빠르지 않았습니다. 기업 간 경쟁이 지금처럼 치열하지 않으니 사업하는 사람들이나 작업장에서 일하는 사람들이 계속 같은 방식으로 일하면서 20~30년 장기 계획을 세울 수 있었어요. 한번 직원을 뽑으면 굳이 해고할 필요가 없었습니다. 웬만하면 함께 간다는 게 통념이었습니다. 미국도 그랬습니다. 정리 해고가 있긴 했지만, 지금처럼 빈번하지는 않았어요. 수시로 해고하고 사업을 정리하는 건 80년대 중반 이후의 이야기입니다.

또 하나는 노동 시장에서 인력 자체가 세분화되지 않았다는 점을 들 수 있습니다. 지금처럼 직무에 따라 스펙을 세분화해서 고용하지 않았다는 뜻입니다. 예컨대 공장이라면 그냥 일괄적으로 사람을 뽑은 후에 일을 가르쳤습니다. 사무직은 신입을 여러 명 뽑은 다음에 해당 부서에 가서 일을 배우게 했죠. 지금은 그렇게 안 하잖아요. 뽑기 전에 스펙 확인하고 인턴으로 뽑은 다음에 이렇게 저렇게 일을 시킵니다. 그러고 나서도 정규직이 되기가 쉽지 않아요.

다시 한번 말씀드리지만, 그전에는 취직하기도 쉬웠고 일단 노동 시장에 진입하면 계속 일하면서 결혼하고 아이를 키울 수 있었습니다. 이러한 생애 주기는 안정된 노동 시장에서 기인합니다. 그런데 이는 노동 시장 개혁의 결과물로 보아야 해요. 원래 그런 것도, 당연한 것도 아니라는 뜻입니다.

예를 들어, 1930년대 미국 자동차 노조의 투쟁 이후로 단체 협상이 전 세계에 보편화됩니다. 이후 함부로 해고하지 않는 다는 원칙이 생겼고, 퇴직금과 각종 수당을 받게 되었죠. 물론 미국의 경우입니다만, 1930~1940년대 이후로 노동자 처우가 상당히 개선됩니다. 1912년에는 빵 한 조각으로 하루를 버티고 언제 해고될지 모르는 두려움 속에서 빵과 장미를 외치던 사람들이, 비로소 안정적인 삶을 누릴 수 있게 된 거예요. 그게 지난 세기의 생애 주기를 만들었습니다. 그러다 20세기가 끝날 무렵 노동 시장이 크게 변합니다. 우리가 보통 '신자유주의'라고 부르는 자본 위주의 정책들이 이 시기에 도입되면서 생긴 변화예요. 그중 중요한 몇 가지를 살펴보겠습니다.

"평생직장은 없다" —신자유주의 시대 노동 시장의 변화

일단 고용 기간이 매우 짧아졌습니다. 해고 없이 계속 다닐 수 있으리라는 기대가 사라집니다. 정년퇴직은 꿈도 못 꾸죠. 왜일까요? 시장 변동성이 커지면서 기업이 안정적인 고용을 제공하지 못하기 때문입니다. 10년 후를 내다보고 사업하기가 힘듭니다. 대기업들도 앞으로 어떤 분야가 어떻게 될지 예측을 못 합니다. 중소기업은 더하죠. 여차하면 사업을 접을 상황까지 염두에 두어야 하니, 고용 상황이 어떻겠어요. 오랫동안 정규직으로 일할 기회가 그렇게 사라져버립니다. 지금 장기 고용이 가능한 분야는 공기업, 공무원, 교사 등 일부 직종에 제한되어 있어요.

우리가 흔히 안정된 직장이라고 말하는 곳의 공통점이 뭘까요? 시장에 의지하지 않거나, 시장의 변화가 별로 없는 직종이에요. 옛날에는 대기업이 그랬는데 지금은 거기도 불안정해요. 10년 전까지만 해도, 50대까지는 다닐 수 있을 거로 예상했는데 지금은 40대면 벌써 눈치가 보입니다.

20세기 전후로 생긴 노동 시장의 또 다른 변화는 노동의 세분화·파편화입니다. 과거에는 학력별로 나뉘었을 뿐, 동일 직군 안에서는 크게 차별이 없었어요. 고등학교를 졸업하고 생산직으로 들어간 사람은 블루칼라로 그럭저럭 살아갈 수 있었고, 대학을 나와서 엘리트 교육을 밟은 사람들은 좋은 직업을 가질 수 있었습니다. 지금 노동 시장은 그렇지 않아요. 대충 하나의 직군으로 뭉뚱그리는 대신 하나하나 점수를 매깁니다. 스펙이 갈수록 세분화되고 목록은 길어져요. 그전에는 면접 볼 때 "저 ○○ 대학 나왔습니다." 하면 그걸로 끝이었어요. 보통 학벌로 판단했는데 지금은 아니죠. 출신 대학은 기본이고 자격증은 있는지, 관련 봉사 활동은 했는지, 외국어 공부는 무얼 했는지 등을 꼬치꼬치 묻습니다.

20세기 중반만 해도 산업 구조가 단순해서 공장에서 일하는 사람, 작업 관리자, 이들을 총체적으로 관리하는 경영진쯤으로 나뉘었습니다. 지금은 훨씬 복잡해요. 일단 공장식 생산이 차지하는 비중이 줄어들었어요. 관리 체계가 정교화되면서 관련 직종이 무척 세분화됩니다. 이제는 생산직-관리직에 포함되지 않는 직군이 훨씬 많아졌어요. 그만큼 노동 시장이 복잡해졌고 기업이 맞춤형으로 사람을 뽑습니다.

그러면서 소위 '스펙'이라는 말이 유행해요. 영어 'specification'의 준말이죠. 우리말로 '사양'쯤에 해당할 텐데요. 예전에는 상품에나 쓰던 말을 사람에 붙입니다. 은연중에 자기를 하나의 상품으로 놓는 거예요. 노동 시장에 진입하려면 스펙을 줄줄 달아야 해요. 자기 사양이 달리면 낙오됩니다. 어떻게든 경쟁력 있는 스펙을 만들어놓아야 직장을 잡고 커리어를 쌓을 수 있습니다.

일의 종류가 다양해지다 보니 요구되는 스펙만큼이나 근무 시간이나 형태도 제각각입니다. 지금의 법이 이러한 변화

왜 우리는 돈에 지배당하는가?

를 따라가지 못하고 있어요. 근로계약서 써보신 분들은 잘 아시겠지만 업무 기재란이 있습니다. 'job specification'이라고 해서 구체적으로 무슨 일을 하기로 했는지 쓰는데, 제가 보기에는 현실에 맞지 않는 규정입니다. 대기업에서 딱 그 일만 하는 사람은 모르겠지만, 대부분 회사에서는 그러지 않잖아요. 일단 들어가면 시키는 일을 해야 합니다. 그러니까 근로계약서에다가 '나는 이 일을 하기로 하고 취직했음'이라고 적으라는 건 의미가 없죠. 산업 구조와 노동 시장이 단순했던 20세기 중반에나 어울리는 규정이에요. 정말 딱 그 일만 하겠다는 사람은 보통 직장 생활이 아니라 프리랜서 일을 하게 됩니다. 외주자로 그 일만 전문적으로 받아서 하는 거예요. 그런데 프리랜서는 근로기준법상 노동자가 아니에요. 자영업자입니다. 실제로는 시키는 일을 하지만 노동자성이 없기 때문에 법의 보호를 받지 못합니다.

이런 형태가 늘면서 아침에 출근해서 저녁에 퇴근하는 전통적인 방식의 노동이 점점 줄어들고 있죠. 일이 몰리면 새벽까지 일하고, 한 달 치 일을 일주일에 몰아서 하는 상황이 종종 생깁니다. 당연히 소위 말하는 워라밸Work-Life Balance, 즉 일과 삶의 균형을 지키기가 어려워요. 장시간 노동을 했던 과거에는 그나마 예측이 가능했습니다. 최소한 일요일은 쉰다는 원칙이 있었으니까요. 지금은 교대 근무에, 시간 근무, 각종 유연 근무 등으로 노동이 파편화되어 있어요. 주말에도 쉬지 못하는 사람들이 태반입니다.

인간의 자원화와 노동자의 자기 계발

다음으로 말씀드릴 노동 시장의 변화는 노동과 자본의 경계가 모호해지고 있다는 점입니다. 전통적으로 노동은 사람이 했고, 자본은 생산 수단인 기계 장비를 가리켰잖아요. 그러다 20세기 후반 경제학에서 무시무시한 이론이 나옵니다. 바로 "사람도 자본이다"라는 인적 자본론이에요. 이 관점에 의하면 학벌 좋고 호감형 외모에 싹싹한 사람은 이미 하나의 자본입니다. 이 얘기는 거꾸로 성격 안 좋고, 스펙도 별로고 일도 못 하는 사람은 가치가 아주 낮다는 겁니다. 노동을 더는 하나의 덩어리로 보지 않고, 등급화하기 시작합니다.

이제 사람들은 노동을 내놓고 거래되기만을 기다릴 수 없어요. 선택받으려면 자기 가치를 끌어올리기 위한 노력을 계속해야 해요. 소위 말하는 자기 계발이 필수가 된 겁니다. 이쯤 되면 쉬는 시간에도 쉴 수가 없습니다. 가만히 있으면 불

왜 우리는 돈에 지배당하는가?

안해요. 혹시 그 시간에 다른 사람이 자기 계발 열심히 해서 나를 제치면 어떡하지? 고민합니다. 뭐라도 배워야 하나 싶어, 이곳저곳 알아봅니다. 외국어도 배우고 피트니스 센터도 다녀요. 소비와 투자의 경계가 무너지기 시작합니다.

맛집을 찾아가서 음식을 먹는 건 소비입니다. 그런데 자기 계발을 위해 영어 학원에 등록하는 건 소비일까요, 투자일까요? 애매합니다. 순전히 즐기기 위해서 한다기보다 외부적 요구에 이끌려서 하기 때문입니다. 마음의 평화를 위해서 요가 학원에 다닌다면 어떨까요? 옷을 사거나 책을 읽으며 주말을 보내는 행위는요? 처음에는 나를 위한 소비라고 생각하다가도 점점 이러다가 뒤처지는 거 아닌가 하는 생각이 듭니다.

마음 같아서는 주말이니까 친구들과 신나게 놀고 싶지만 어쩐지 그래서는 안 될 것 같습니다. 잘 차려입고 그럴듯한 곳에 가서 사진을 찍습니다. SNS에 올려서 '좋아요'가 몇 개나 붙는지 살펴봐요. 이런 것들은 소비이면서 놀이이고 동시에 투자입니다. 머릿속으로는 인간관계도 스펙이니 평판을 관리해야 한다고 생각하고 있으니까요. 실제로 요즘은 자기 계발, 평판 관리 등도 스펙의 일부로 봅니다.

이건 개인적 선택이 아니에요. 노동 시장이 바뀌었기 때문에 어쩔 수 없는 측면이 있습니다. 노동 시장이 불안정하잖아요. 취직이 힘들뿐더러 회사에 들어가도 언제까지 일할지 알 수 없어요. 3년 후, 4년 후까지 이 직장에 계속 다니고 있을지 확신하지 못하는 사람이 많습니다. 여차하면 이직을 생각해야 하는데, 이때 상대에게 어필하려면 경력과 스펙에다 평판까지 관리해야 한다는 강박이 생깁니다. 그러지 못하면 낙오될 수 있다는 두려움이 항상 있어요.

그러다 보니까 커리어 관리에 불리한 중소기업은 웬만하면 기피하죠. 좋은 기업에 취직한 사람들은 경력과 인맥 관리에 시간을 소비합니다. 계속 위로 올라가지 않으면 안 된다는 강박에 시달려요. 과거 20대에 취업해서 정년퇴직할 때까지 한 직장에 다니던 시절, 만년 과장 소리를 들어가며 버티던 시절과 비교해보세요. 천지 차이입니다.

이러한 변화는 노동 시장의 하층에만 적용되지 않습니다. 상층도 크게 다르지 않아요. 소위 잘나가는 빅테크 기업들, 글로벌 기업의 최고 경영자[CEO]니 최고 재무 책임자[CFO]니 하는 사람들은 이런 스트레스로부터 자유로울까요? 그렇지 않습니다. 연봉은 많아도 고용 안정성은 없습니다. 언제 교체될지 모르기 때문에 늘 강박에 시달립니다. '다음 계약 때 잘리면 어떡하지?' 하는 걱정이 있고, 회사를 옮기려면 다른 리더들과 스펙을 맞춰야 하니까 '내가 지금 이러고 있을 때가 아니야' 하는 생각에 스트레스를 받습니다.

결론적으로 1990년대 이전, 그러니까 1930~1980년대까지 존재했던 노동 시장과 이후의 노동 시장이 크게 달라졌습니다. 자본가는 물론 노동자도 '리스크' 관리가 필요해졌고, 늘 뭔가 해야 하는 상황이 되었어요. 휴식도 투자 개념이 되면서 인간적인 삶을 추구할 여유가 사라졌습니다.

한편 모든 가치 기준이 '화폐' 즉 돈으로 통일됩니다. 노동 시장이 파편화되면서 돈이 직업 평가의 유일한 기준이 돼요. 제가 자꾸 20세기 중반과 비교하니까, 이를 신비화하고 이상화하는 듯해서 조금 걸리는데요, 그래도 최소한의 도덕성은 살아 있었다는 차원에서 드리는 말씀입니다. 당시는 "왜 그 직업을 선택했어요?"라고 물으면 대답이 다양했습니다. 자기 나름대로 직업의 가치라거나 의미 등을 말했어요. 연봉부터 들먹거리면 속물이라고 그랬어요. 지금과는 너무 다르죠. 일의 종류가 너무 다양해졌기 때문입니다. 비교할 기준이 없어요. 그래서 연봉을 따집니다. 연봉 액수 듣는 순간 감이 잡히는 거죠.

사람이 직업을 선택하는 데는 최소한 세 가지 기준이 있습니다. 하나는 '수입'입니다. 자본주의 사회에서 먹고살려면 돈이 있어야 해요. 그래서 일을 합니다. 다음은 '사회적 인정'입니다. 내가 일을 해서 가치를 인정받는다는 것입니다. 연봉을 아무리 많이 준다고 해도 사람들이 손가락질하는 일을 하고 싶어 하는 사람은 없어요. 반대로 박봉에 시달려도 긍지가 있다면 견딜 수 있습니다. 사람들이 "훌륭한 일이야. 우리 사회에 없어서는 안 될 일이지" 이렇게 이야기한다면 할 만한 거예요.

마지막은 '자기 발전'입니다. 이 일을 하면서 내가 좋은 사람이 되는 것 같다거나 역량이 향상되는 것 같다는 충족감이 있어야 합니다. 이 삼박자가 맞아야 자기 직업에 만족할 수 있어요. 그런데 현재의 노동 시장은 이 모든 걸 흔들어서 오직 하나의 기준, 즉 돈만 남겼죠. 나머지는 별로 안 중요해졌습니다. 그래서 요즘은 전문직을 선호합니다. 그나마 사회적 인정도 받고 자기 발전도 가능한 영역이라고 생각하기 때문입니다. 다른 직업에서는 얻기 힘들다는 걸 사람들이 알아요. 그런 측면에서 보면 오로지 생존을 위해 공장에서 기계를 돌리던 19세기 노동자랑 크게 다르지 않습니다.

빵이 부족해진 시대, 100세 시대의 자화상

노동 시장의 변화는 기대 수명의 연장과 관련이 깊습니다. 요즘은 '100세 시대'라고 하죠. 건강하게 오래 사는 것은 우리 모두의 꿈입니다. 그러나 그 시간 동안 계속 노동 시장에 남아 있어야 한다는 측면에서 보면 축복만은 아닙니다. 지금 50세 언저리에 은퇴하는 사람들도 '남은 시간 동안 뭘 해서 먹고살아야 하나?' 이런 걱정 하잖아요. 그래서 오늘날 한국인의 생애 주기는 안정된 일자리 확보에 집중되어 있습니다.

두루뭉술하게나마 성공적으로 노동 시장에 진출하고 노후까지 확보한 A라는 사람의 삶을 묘사해보겠습니다. 물론 개인차도 크고 다양한 직군이 존재합니다만, 최대한 단순화해서 말씀드린다는 점을 참고해주셨으면 합니다.

A는 집과 어린이집 등을 다니며 평범한 아이처럼 자랍니다. 그러다 5세가 되는 해 양육자는 첫 번째 선택의 기로에 섭니다. 영어 유치원에 보낼지, 말지 고민합니다. 다들 조기교육을 통해 경쟁력을 확보하려고 하니까요. 심지어 어떤 아이는 벌써 수학 학원에 다닙니다. 나중에 고등학교 가서 1등급 받으려면 이때부터 인지 교육을 시작해야 한다고들 해요. 초등학교 1~2학년쯤 되면 영어와 수학을 따로 공부하는 친

구들이 점점 많아집니다. A도 그중 한 명이 됩니다. 중학교에 올라가서는 학원 수업 열심히 듣고 선행 학습을 합니다. 고등학교에 진학하면 그때부터는 일찌감치 입시 준비를 해요. 내신과 학생부종합전형을 위해 공부도 하고 봉사 활동도 하고 무척 바빠집니다. 마침내 내신 1등급을 얻은 A는 수시 입학을 통해 서울에 있는 대학에 진학합니다.

이제 막 대학 신입생이 된 A는 본격적으로 '취업'을 위한 리스크 관리를 시작합니다. 학점 관리하고 각종 전문직 시험 준비를 해요. 그러다 28세에 대기업 정규직이 됩니다. 웬만한 연봉을 받으면서 4~5년을 다닙니다. 이제 결혼을 고민해야 할 나이가 되죠. 주변에 혼자 사는 사람들이 훨씬 많습니다. 비혼에 대한 확고한 신념을 가진 동료도 있고, 결혼은 하고 싶지만 여건이 안 된다는 친구도 있습니다.

A는 결혼을 하고 아이를 가졌을 때 들어갈 각종 비용을 계산해봅니다. '내가 감당할 수 있을까?' 주저주저하다가 40세에 이릅니다. 결혼할 때인지 노후 준비할 때인지 헷갈릴 시기예요. 결국 혼자 지내기로 합니다. 그러다 50세쯤 첫 직장을 정리합니다. 앞으로 살아가야 할 날을 생각하니 아무것도 안 하고 놀 수는 없습니다. 두 번째 직장을 알아보는데 연봉이 앞서 받던 액수의 절반 이하로 떨어집니다. 그럴 수밖에 없

왜 우리는 돈에 지배당하는가?

죠. 어찌어찌해서 작은 회사에 들어간 A는 그곳에서 수년간 일하다가 퇴직을 합니다. 그리고 얼마 안 되는 연금으로 남은 생을 살아가게 되죠.

투박하게 묘사했습니다만, 이게 오늘날 우리의 생애 주기입니다. 여기서 주목할 부분은 우리가 제대로 된 소득을 올릴 기간이 겨우 20년밖에 안 된다는 거예요. 이 시기에 노후까지 책임질 재산을 모아놓아야 합니다. 만약 결혼해서 가정을 이룬다면 더 많은 돈이 들어가겠죠. 자식과 나와 내 배우자 그리고 부모님들까지 모시려면 몇 배는 많은 돈이 필요합니다. 이런 부담을 지니고 살아야 해요. 스트레스가 엄청나죠. 입시 준비, 취업 준비로 청소년기와 젊은 시절을 모두 보냅니다. 심지어 앞서 말씀드린 A는 운이 좋은 경우예요. 그나마 대기업에 정규직으로 들어갔고 20년을 별 탈 없이 고액 연봉을 받습니다. 그러니 평범한 사람들은 얼마나 많은 리스크가 그 사이에 발생하겠어요.

사람들이 월급만으로 노후 설계가 불가능하다는 걸 잘 알고 있습니다. 그래서 일은 일대로 하면서 재테크를 따로 하죠. 노동 시장이 불안정하니 언제 잘릴지 몰라요. 주식, 부동산, 코인 등 돈이 될 만한 건 뭐든지 알아봅니다. '빵'을 마련하기 위해 모든 능력을 총동원합니다. 그러다 보면 전 생애를 리스크 관리에 소진하게 되죠. 그러면서 '장미'를 추구하는 삶은 멀어져갑니다.

보통 가장 행복했던 시기로 꼽는 유소년기는 어떨까요. 옛날 사람들은 그때의 추억을 떠올리며 '참 좋았다'고 말합니다. 또래들과 아무런 걱정 없이 뛰어놀던 시절이니 그럴 만합니다. 지금은 그럴 수 없어요. 학교 운동장에서 공이라도 찰라치면, 하나둘 뒤로 빠집니다. "너 그러다가 나중에 대학 못 가면 어쩌려고 그래?" 한소리 듣습니다. 나중에는 어른들이 말 안 해도 스스로 리스크 관리에 나서죠. 옆에 친구 보니까 벌써 고등학교 과정까지 선행 학습을 해놓았는데, 나 어떡하지? 그러면서 불안에 잠깁니다. 뭐라도 해야겠죠. '장미'를 향유하며 추억을 쌓아야 할 시기가 그렇게 흘러갑니다.

일찌감치 리스크를 관리해야 하는 데는 이유가 있습니다. 인생 전반기 성적표가 20대 중반쯤이면 나오기 때문이에요. 그 나이가 되면 앞으로 인생이 어떻게 될지 감이 잡히기 시작합니다. 안정된 일자리를 마련할 수 있을지 여부가 이때쯤 가시화되니까요. 여기에 따라 결혼을 할지 말지도 갈라집니다.

전통적으로 가족을 이루고 자식을 낳아서 기르는 일은 인생에서 매우 중요한 과정이었어요. 그러나 지금은 관리해야 할 리스크로 개념이 바뀌었습니다. 잘못 선택했다가는 남은 인생을 허덕이게 된다는 걸 알기 때문입니다. 과거에는 누구나 당연시하던 선택이 이제는 엄두가 안 나는 일이 되어버렸어요. 포기하는 경우가 늘어납니다. 물론 자발적인 비혼은 존중할 일입니다. 그러나 정말 가정을 이루고 싶어 아이를 가지고 싶은데, 형편이 안 되어서 어쩔 수 없이 혼자 살기로 결정한다는 건 또 다른 차원이에요.

급변하는 노동과 멀어진 장미의 꿈

리스크 관리를 계속하다가 60세쯤 되면 후반기 성적표를 받습니다. 어떤 사람은 그래도 여생을 잘살 수 있겠구나 싶을 것이고 또 어떤 사람은 이젠 망했구나 싶을 거예요. 노후가 어떤 모습으로 펼쳐질지 남은 30~40년이 뻔히 보이기 시작합니다. 물론 변화를 꾀할 수도 있겠죠. 하지만 그동안 해온 것들과 완전히 다른 일을 시작하기란 어렵습니다. 평범한 직장인으로 살아오던 사람이 갑자기 프리랜서 뮤지션으로 남은 생을 살 수 있을까요? 안 될 일은 아니지만, 평균적인 생애 주기에서 성공 가능성이 크지는 않습니다.

오늘날 달라진 생애 주기는 노동 시장의 변화와 기대 수명

연장이 만나면서 빚어진 현상입니다. 앞으로는 더 강화될 조짐이 있어요. 일생을 리스크 관리에 쏟아야 할지도 모릅니다. 19세기 노동자들이 간절히 원했던 '장미'가 20세기에 잠깐 나타났다가 서서히 사라지고 있는 형국입니다. 그나마 그때처럼 굶지는 않는다는 사실을 위안으로 삼아야 할까요?

제 주변에 소위 성공했다는 친구가 있습니다. 좋은 대학을 나와서 대기업 정규직으로 들어갔어요. 그때가 27세였습니다. 그 친구가 52세쯤 되었을 때 한 번 만난 적이 있는데, 당시에도 여전히 회사에 다니고 있더군요. 재테크도 열심히 해서 노후 준비는 걱정 없다고 합니다. 지금 기준으로 보면 상위 10%에 속하는 성공한 인생인 거죠. 그런데 그날 만나서 하는 얘기는 달랐어요. "우리 노후 준비하려고 태어난 거냐?" 이렇게 묻더군요. 제가 아는 한 그 친구는 정말 모범적으로 살아왔습니다. 공부 열심히 하고 부모님 말씀 잘 듣는 그런 사람이었죠. 그런데 저를 보면서 하소연하는 거예요. 도대체 왜 사는지 모르겠다고, 인생이 무의미하게 느껴진다고 합니다. 말하자면 빵은 충분한데 장미를 잃어버렸다는 이야기였습니다.

듣는 사람에 따라 '배부른 고민하고 있구나' 할 수도 있습니다. 하지만 본인은 절박한 거예요. 사람이 빵만으로는 살

수 없죠. 우리가 19세기 노동자는 아니잖아요. 이게 21세기 현대화된 한국 사회에 사는 사람의 현실이라는 사실이 무척 안타까웠습니다. 이건 인류가 일찍이 경험해보지 못한 상황이에요. 이렇게까지 한 사람의 삶이 온갖 리스크 관리로 소진되는 시대를 맞아본 적이 없습니다. 문제는 우리의 제도가 이러한 변화를 반영하지 못하고 있다는 점입니다. 유례없는 노동 시장의 파편화 속에서 어떻게 노동 인권을 지킬 것이냐 하는 문제를 진지하게 고민해보아야 해요.

우리가 배우는 인권은 지난 세기에 태어난 개념입니다. 프랑스대혁명 당시 '인간과 시민의 권리 선언'이나 미국 독립 선언은 18세기에 쓰였어요. 노동권은 어떻습니까? 오늘날 노동권을 기초한 8시간 노동권, 단체 협상권 등은 19세기 말 노동자들의 투쟁이 이뤄낸 결실입니다. 다만, 오늘날의 자본주의는 그때와 판이합니다. 노동 시장은 '노동'이란 개념 자체가 모호해질 정도로 달라졌어요. 현재의 노동권 관련 법은 수백 년 전 노동 조건과 노동 시장 위에 서 있습니다. 변화에 대응해야 할 때가 한참 지난 겁니다. 사각지대가 넓어지다 못해 '빵과 장미'를 다시 요구해야 할 시점이 올지도 모를 정도로 노동자의 삶이 열악해지고 있습니다.

이는 전 세계적인 현상이에요. 다만 복지가 잘된 유럽 나라들은 나름대로 이걸 완화하려고 노력하고 있어요. 가령 네덜란드는 2010년대까지만 하더라도 비정규직은 같은 일을 하는 정규직보다는 보수가 높아야 한다는 게 원칙이었어요. 불안정한 대신 보수가 많았던 겁니다. 덴마크는 노동 시장은 굉장히 유연한데, 대신 복지가 상당히 두터워요. 이른바 '유연안정성'을 추구하는 나라입니다.

여기에 비해 우리나라는 정규직과 비정규직 임금 차이가 너무 커요. 원청 정규직 노동자 월급이 비정규직 노동자 월급의 두 배 이상 많습니다. 심지어 하청 비정규직은 원청 비정규직 월급의 절반이에요. 그러니까 원청 정규직 노동자의 4분의 1 수준인 셈입니다. 이런 식으로 노동 시장이 위계화되어 있습니다. 우리가 미처 대비할 틈도 없이 급격하게 바뀌어버렸어요. 유럽에서는 프랑스가 우리와 비슷해요. 앞서 제가 묘사한 전통적으로 안정된 삶이 보장되던 직종과 그렇지 않은 직종이 혼재되어 있습니다.

초고령 시대에 대응하는 기본 사회 전략

초고령 사회가 되면서 노후까지 빵을 쌓아두지 않으면 안 되는 상황이 되었습니다. 그래서 이러한 기반 위에, 변화한 노동 시장의 조건 아래서 새로이 인권 보장을 위한 노력이 이루어져야 한다는 게 제가 내린 결론입니다. 우리가 직면한 노동 현실, 생애 주기 사례, 리스크 관리 등을 말씀드린 이유도 같은 취지입니다. 결국은 파편화된 노동 시장과 초고령 사회 진입이 가장 큰 변수인 것 같습니다. 노동권 보장을 위해서는 이 문제가 해결되어야 한다고 봐요.

20세기에 틀을 갖추기 시작한 현재의 복지 시스템은 '고용'을 전제로 하고 있어요. 사람들이 직장에서 열심히 일하면 생계 문제가 웬만큼 다 해결되고, 부족한 부분을 국가가 보조하는 개념이었습니다. 그런데 요즘은 일을 해도 불안정해요. 일자리 자체도 그렇고 언제까지 그 일을 할지 장담할 수 없습니다. 월급에서 다달이 일정 금액을 적립하는 각종 국가 보험은 사각지대가 점점 많아져서 그 혜택을 못 받는 사람이 많아졌어요.

그래서 이러한 제도 자체를 완전히 재설계해야 한다는 문제의식이 전 세계로 퍼지고 있는 실정입니다. 우리나라의 기본 소득, 기본 사회 개념도 그 연장선에 있고요. 단순히 위험을 막아주는 것만이 아니고, 인간다운 삶을 향유할 수 있게 하자는 데 초점을 맞추고 있습니다. 미래의 우리는 각자 자기 역량을 충분히 개발할 수 있어야 합니다. 더 많이 배우고, 더 많이 일하고, 더 많이 인생을 향유할 수 있어야 해요. '기본 사회'에는 이처럼 누구나 '빵과 장미'를 구할 수 있게 하자는 철학이 깔려 있습니다. 결국은 상상력이 중요합니다. 이와 관련해서 앞으로 많은 논의가 나왔으면 좋겠어요.

2장

누구의 시간으로 누가 돈을 버는가?

이라영

이라영

예술사회학 연구자. 문화평론가. 예술과 정치, 그리고 먹을 것을 고민한다. 쓴 책으로『말을 부수는 말』,『환대받을 권리, 환대할 용기』,『진짜 페미니스트는 없다』,『타락한 저항』,『정치적인 식탁』,『폭력의 진부함』,『여자를 위해 대신 생각해줄 필요는 없다』등이 있다. 함께 쓴 책으로『왜 우리는 차별과 혐오에 지배당하는가?』,『우리, 나이 드는 존재』,『비거닝』,『여자를 모욕하는 걸작들』등이 있다.『우리는 다 태워버릴 것이다』에 공역자로, 연극 〈식사〉에 공동 창작자로 참여했다.

'누구의 시간으로 누가 돈을 버는가'라는 질문으로 돈과 인권에 대해 이야기를 나눠보도록 하죠.

우선 그림을 하나 볼까요. 윌리엄 블레이크^{William Blake}의 1795년 작 〈뉴턴^{Newton}〉입니다. 윌리엄 블레이크는 18세기 후반에서 19세기 초까지 활동한 영국의 시인이자 화가입니다. 그림에 등장하는 인물은 물리학자 아이작 뉴턴이에요.

이 그림에서 뉴턴은 컴퍼스로 뭔가를 그리고 있습니다. 그런데 바위 위에 앉은 그의 몸은 인간 본연의 모습 그대로입니다. 아무것도 걸치지 않았어요. 주변은 그냥 자연인데 뉴턴이 이런 환경에는 관심을 두지 않고 바닥에 놓인 종이 위에 컴퍼스로 열심히 제도를 하고 있어요. 그렇다면 윌리엄 블레이크

윌리엄 블레이크의 〈뉴턴〉.

는 이 그림에서 무슨 이야기를 하고자 했던 걸까요? 어쩌면 인간 이성을 상징하는 뉴턴과 자연을 대비해 보여줌으로써 과학에 대한 맹신을 경고하려고 했던 것은 아닐까요? 블레이크는 이를 통해 인간 이성과 생명의 조화를 말하고 싶었을지도 모릅니다.

시간을 둘러싼 정치경제학

제가 이 그림을 보여드리는 이유는 우리에게 '시간'이 갖는 의미를 말씀드리고 싶기 때문입니다. 당시 사람들은 세상 모든 사물은 인과관계에 있으며 우리는 과학적 사고를 통해 이를 깨달을 수 있다고 믿었죠. 또한 뉴턴에게 시간은 사물과 독립적으로 존재하는 절대적 개념이었어요. 일정하게 흐르며 영원히 변치 않는 것이었습니다. 그러다 아인슈타인의 상대성 이론이 등장하면서 깨지기 시작하죠. 시간은 절대적이지 않습니다. 관찰자의 상태와 중력에 따라 달라집니다. 이러한 시간관은 우리 삶에도 적지 않은 변화를 가져옵니다.

아마 여러분도 시간이 모든 사람에게 똑같이 흐른다고 생각하지는 않을 거예요. 물리 법칙과는 다른 이야기입니다만,

각자의 시간이 서로 다르게 흐른다는 것을 경험적으로 느껴요. 누군가는 이 강의를 듣기 위해 더 먼 거리를 이동했을 테고 그만큼 시간을 소비했을 겁니다. 접근성이 좋은 지역에 사는 분들이라면 잠깐의 시간만으로도 충분했을 테고요.

오늘날 시간은 다양한 의미로 재해석됩니다. "시간은 돈이다." 유명한 벤저민 프랭클린Benjamin Franklin의 말이죠. 살면서 귀가 따갑도록 들었을 문장입니다. 당시 상인들에게 근면 성실을 강조하기 위해 이런 말을 했다고 합니다. 1시간 놀면 그만큼 손해라는 뜻이죠. 요즘도 이런 말 많이 씁니다. 그런데 여기에는 '소유자'가 빠져 있어요. 누구의 시간이고 누구의 돈일까요? '시간은 돈이다'는 '시간은 노동이다'로 바꿀 수도 있습니다. 시간은 중립적이지 않아요. 이윤은 어디에서 나올까요? 우리는 어떻게 돈을 벌까요? 노동자의 시간은 자본가의 돈이 되는데, 이때 '노동자'도 동일한 노동자가 아니죠. 계급, 젠더, 인종에 따른 차별을 통해 자본은 이윤을 냅니다.

오늘 우리는 물리적 시간이 아니라 정치적 시간에 대해 살펴볼 겁니다. 시간을 정치적 재화로 보고 이를 연구하는 미국의 정치학자 엘리자베스 코헨Elizabeth F. Cohen은 저서 『정치는 어떻게 시간을 통제하는가The Political Value of Time』에서 다음과 같이 정리합니다.

"시간이 정치적 가치를 가진 재화라면, 권리를 획득
하거나 박탈당할 때 시간이 교환수단이 되는 정치
적 거래 시스템을 '시간의 정치경제학'이라 부르기로
한다."*

시간이 물리의 영역에서 정치의 영역으로 넘어온 겁니다.
우리도 오늘 이러한 측면에서 시간을 이야기할 거예요. 사실
시간은 늘 정치적이었습니다. 코헨은 "시간은 정치를 구성하
는 핵심 요소"라고 주장합니다.

시간을 뜻하는 영어 'time'은 '나눈다'라는 뜻의 그리스어
'temno'에서 왔다고 합니다. 실제로 우리 관념 속에서도 시
간은 조각조각 나뉘어 있습니다. 1년을 12달로 나누고 1달
은 30일로 나뉩니다. 우리에게는 계절에 따른 절기가 별도
로 있습니다. 문화권마다 다르기는 하지만 시간을 특정 기준
에 따라 나누어 인식한다는 공통점이 있습니다. 그러다 근대
사회에 접어들면서 시간을 더 잘게 나누기 시작합니다. 1시
간, 1분 단위로 약속이 정해져요. 이전 농경 사회에서는 그렇
게까지 하지 않았습니다. 계절과 절기가 중요했을 뿐이에요.

---

* 엘리자베스 F. 코헨, 『정치는 어떻게 시간을 통제하는가』, 최이현 옮김, 바다출
  판사, 192쪽.

해가 뜨면 일하러 나갔다가 저녁이 되면 돌아옵니다. 그러나 산업화 시대가 되면 인위적으로 노동 시간을 늘립니다. 불을 밝히고 늦은 시간까지 계속 일을 해요. 이러한 변화는 시간에 대한 평등을 생각하게 합니다. 누군가의 24시간은 자신의 욕망과 이윤이 중심이라면 다른 누군가는 모든 시간을 타인의 욕망을 채우느라 바쁩니다. 말하자면, 시간을 빼앗기는 거예요. 시간에 '권력'이 작동한 결과입니다.

예컨대 어떤 시민의 시간이 그 가치를 제대로 인정받지 못하거나 빼앗기면 그만큼 권리가 박탈됩니다. 사용자가 법정 노동 시간을 무시하고 10시간, 12시간 일을 시킨다면, 노동자의 쉴 권리가 그만큼 침해받는 거죠. 또한 국가가 선거권 연령, 미성년자 의제강간_{동의 능력이 인정되지 않는 나이의 성관계} 적용 연령의 기준을 어떻게 정하느냐에 따라 당사자 인권이 크게 영향을 받습니다. 우리나라 선거 연령은 20살에서 최근 18세로 낮춰졌어요. 반대로 미성년자 의제강간 기준 연령은 13세에서 16세로 상향 조정되었습니다. 그전에는 중학생 아이들을 회유해서 합의 성관계라 주장할 수 있었다는 뜻입니다. 이런 것들은 모두 정치적 의제에 속해요.

과거 군사 독재 시절 시행했던 통행금지도 권력에 의한 시간 통제라고 할 수 있습니다. 12시가 넘으면 거리에 돌아다니지 못했어요. 이런 사례들로 볼 때 시간은 단지 물리적 개념에 머물지 않습니다. 권력 행위의 대상이자 인권의 변수예요. 그럼에도 잘 의식하지 못합니다. 눈에 보이지 않기에, 나도 모르는 사이에 통제당해요. 직장 상사가 퇴근 후에도 자꾸 메신저로 일을 지시합니다. 그럴 수 있다는 건 이미 두 사람 사이에 위계가 존재한다는 이야기예요. 싫어도 거부할 수 없습니다. 그런 상태에서는 내 시간은 내 것이 아니에요.

이처럼 시간 개념은 중립적이지 않습니다. 권력 개입의 장이자 투쟁해서라도 지켜야 할 대상이 되었어요. 특히 자본에 의해 시간이 통제되고 있는 오늘날에는 이로 인한 인권 침해 등을 잘 살펴보아야 할 때라고 생각해요. 요즘은 옛날처럼 적어도 공식적으로는 강제 노동이나 저임금으로 사람을 착취해서 자본을 축적하는 시대가 아닙니다. 대신 사회적 약자의 시간을 착취해서 이윤을 얻죠. 어떤 사람은 초과근무를 해야만 먹고살 만큼의 돈을 벌 수 있습니다. 어떤 사람은 남들이 자는 시간에 일해야 겨우 살아갈 수 있어요. 그리고 또 어떤 사람은 직장 일은 일대로 하면서 가사 노동까지 떠안아야 하죠. 이들은 대부분 비정규직이나 여성 노동자 같은 사회적 약자입니다. 다시 말해, 초과근무를 해야만 생활에 필요한 임금을 벌 수 있는 계층, 전문직이라도 임금이나 승진에서 차별을 겪는 여성, 경력이 쌓였지만 은퇴 연령이 되면 더 낮은 임금의 일자리를 찾게 되는 중장년층 남성의 각기 다른 차별적 상황을 이해해야 합니다.

시간의 정치경제학에서 타인의 시간을 착취하는 사람은 이미 권력자가 되었음을 의미합니다. 권력이 큰 쪽이 타인의 시간을 소유해요. 이처럼 시간은 개개인의 자원이라는 측면에서 국가가 적극적으로 관리해야 할 정치적 재화가 됩니다. 그렇다면 오늘날 자본주의 사회에서 시간을 둘러싼 정치학이 어떤 양상을 띠고 있는지 살펴보겠습니다. 하나는 '시간의 계급성'이고 두 번째가 '시간의 가부장주의'입니다. 그리고 '시간의 인종주의'까지 이어질 겁니다.

흙수저의 시간은 늘 부족하다

강수돌 교수는 "금수저는 학습 시간이 길고 흙수저는 노동 시간이 길다"라고 표현한 적이 있습니다. 제가 시간의 계급성을 이야기할 때 자주 인용하는 말인데요. 돈이 많은 사람은 공부에 투자하고 가난한 사람은 그럴 여유 없이 노동으로 시간을 보낸다는 뜻입니다. 이런 식으로 사회적 계급에 따라 시간이 불균등하게 배분되는 겁니다. 저는 여기에 '이동 시간'을 포함하고 싶어요. 우리나라는 좋은 일자리나 문화적 인프라가 좋은 지역은 땅값이 비쌉니다. 당연히 흙수저는 외곽으로 나가게 돼요. 이동 시간이 길어집니다. 그만큼 시간을 많이 소모하고요.

시간에 계급성이 반영된다는 인식은 자본주의 초기부터 있었습니다. 일찍이 마르크스는 『자본론』에서 "이윤은 노동자의 시간에서 나온다"라고 주장했어요. 마르크스의 노동가치론은 상품의 가치는 그 상품을 만드는 데 필요한 노동 시간에 의해 결정된다고 정의합니다. 이때 노동 시간은 노동자가 상품을 생산하기 위해 걸리는 시간을 말합니다. 일을 많이 시킬수록 돈을 많이 번다는 뜻이겠죠.

노동자들은 노동 시간 동안 노동력을 팔지만, 자신이 생산한 상품의 가치만큼 임금을 받지는 않아요. 기업의 이윤은 바로 그 차이에서 발생합니다. 이것을 마르크스는 착취exploitation로 보았습니다. 자본가의 이윤은 노동자가 생산 현장에서 근무하는 시간, 곧 노동자의 노동 시간이 길어질수록 늘어나는 것이죠. 다시 말해 자본가가 이윤을 많이 얻으려면 그만큼 노동자의 시간을 착취해야 합니다. 노동자에게는 나의 시간이 온전히 내 것이 되지 못하는 구조가 존재한다는 것, 이것이 바로 마르크스의 착취 이론이 주목하는 지점입니다. 우리는 일한 만큼 임금을 받는다고 착각하지만, 자본주의 사회에서는 절대 그럴 수 없어요.

2017년도에 파리바게뜨에서 제빵 마감 시간을 앞당기는 바람에 제빵사들이 점심 먹을 시간도 없다는 내용의 기사가 실린 적이 있습니다. 가뜩이나 출근 시간이 아침 6시라 아침 식사도 거르기 쉬운데 마감 시간이 오후 1시 30분으로 당겨지면서 점심도 못 먹게 생겼다는 이야기입니다. 공식적으로 점심시간을 줄인 건 아니지만 그 시간에 맞추려면 점심시간을 줄여야 하니, 사실상 시간을 빼앗아간 겁니다. 이런 사례는 매우 많아요. 건설 현장에서는 '공사 기간 단축'이라고 해서 마감을 엄청나게 재촉합니다. 혹자는 일을 빨리 끝내면 노동자도 좋은 거 아니냐고 하는데요. 그러다 보면 안전이 위협받습니다. 마치 제빵사들이 제때 밥을 못 먹어서 건강이 나빠지는 것처럼요.

그런데도 정부는 이를 개선하기는커녕 독려합니다. 예전에 윤석열이 대통령 후보 시절 '주 120시간 노동' 발언을 한 적이 있어요. 그만큼 기업이 돈 벌게 해주겠다는 거죠. 한쪽 편을 든 겁니다. 당연히 노동계는 반발했죠. 근로기준법이라는 게 있잖아요. 법정 근로 시간이 딱 정해져 있는데, 이걸 온갖 편법으로 늘려요. 이렇게 하는 이유는 뭡니까? 어떻게든 노동자의 시간을 빼앗아서 돈을 더 벌려는 거예요. 그래서 노동조합이 기업과 협상할 때 쟁점이 되는 부분이 바로 '시간'입니다. 주당 근무 시간, 휴게 시간, 점심 시간, 육아 휴직, 초과 근무 수당, 야간 노동, 은퇴 연령 등 많은 노동 의제가 시간 싸움입니다. 2026년 최저임금은 시간당 1만 320원입니다. 전년 대비 290원 올랐습니다. 겨우 290원 올리기도 정말 어려웠지요. 반면 기업은 노동자가 파업을 하면 막대한 손해배상을 청구합니다. 실제로 기업에서 그만큼의 손해가 발생했을까요? 파업 손해배상 청구를 제한하는 법이 바로 노란봉투법이죠. 기업은 노동자의 시간을 지배하기 위해 터무니 없는 액수로 손해배상을 청구합니다. 과로사로 사망하는 노동자의 삶보다 기업의 시간이 지체되었을 때 훨씬 더 사회적 손실이 크다는 인식을 공유합니다.

1980년대 이후에 노동자들이 줄기차게 싸운 끝에 겨우 지금의 노동 시간을 확보했습니다. 그전에는 수당은커녕 아무 보상도 없이 밤늦게까지 일하는 게 일반적이었어요. 연차나 월차 같은 건 언감생심이었습니다. 과거에는 육아 휴직에 대한 개념 자체가 없었어요. 도입 초기에는 써도 되나, 하면서 눈치를 많이 보았습니다. 점점 확대되어 자리잡았지만 여전히 남성 육아 휴직자는 여성에 비해 훨씬 적습니다. 오죽하면 남성 육아 휴직자가 30%를 넘었다는 게 2025년에 뉴스거리가 되겠습니까.

은퇴 시기도 관심거리입니다. 현재 61세에서 정년을 늘리자는 이야기가 나옵니다. 한쪽에서는 은퇴 시기를 늦추면 그만큼 젊은 사람들 일할 기회가 줄어드는 것 아니냐고 반발합니다. 결론을 내기 어려운 문제이기는 해요. 또 시간과 관련해서 말씀드릴 것이 출퇴근 시간입니다. 이건 노동 시간에 포함이 안 돼요. 그러나 노동자로서는 일하러 가는 시간도 노동하는 시간만큼이나 중요합니다. 직장이 가까우면 괜찮지만 출퇴근 거리가 멀면 불리해요. 그래서 출퇴근 시간도 노동 시간에 포함하는 경우가 있습니다.

노동자들은 회사와 협상을 하기 위해 단체 행동권을 행사합니다. 조직적으로 파업을 하죠. 이것은 노동자의 시간을 착취당하지 않게끔 지키는 행위예요. 노동자들도 시간을 이용해서 협상 상대자에 맞섭니다. 작업을 늦추거나 멈추는 방향으로 시간표를 설정해요. 노동자의 파업은 시민들의 시간을 교란시키면서 노동의 가치를 드러냅니다. 예를 들어 버스나 지하철 노동자들의 '준법 투쟁'은 말 그대로 '법을 지키는' 투쟁이에요. 정시 출발 정시 도착을 지킵니다. 평소에 노동자들의 시간을 착취해온 기업은 편법적으로 일하기를 강요해왔기 때문에 노동자들이 그저 법대로만 해도 '투쟁'이 됩니다. 부당한 시간 착취를 막겠다는 겁니다. 이 말을 뒤집으면 그동안 법을 지키지 않음으로써 사용자가 이익을 보아왔다는 뜻이에요. 그동안 운행 간격이 좁혀지는 바람에 기사들이 제대로 쉬지 못했다면, 이는 시간을 착취당한 것이죠. 그럼으로써 정당한 휴식권을 침해당한 겁니다.

배송 노동자는 어떻습니까? 이들의 노동이야말로 시간과의 싸움입니다. 1분 1초라도 빨리 배달해야 돈을 더 벌 수 있어요. 우리의 배송 문화는 양탄자에서 총알, 로켓이 되어 점점 속도 경쟁을 하고 있습니다. 주 5일제가 되고 주 4일제를 논하지만 배달의 시간은 이와 반대로 가고 있어요. 새벽 배송은 물론이고 이제는 휴일 배송도 시작되었습니다. 과잉 노동을 권하는 사회입니다. 그러니까 노동자들이 꾸준히 빼앗겨 온 것은 그들의 시간입니다. 노동자들의 시간이 자본의 시간으로 이전되어 왔지요. 그런데도 일부 언론에서는 마치 배송 노동자가 자유롭게 일할 시간을 선택하면서도 고소득을 올린다는 식으로 보도해요. 이는 명백한 현실 왜곡입니다.

예를 들어 플랫폼 배송 노동자가 콜을 거부하면 페널티가 생깁니다. 이를 무릅쓰고 자유 시간을 누릴 노동자는 많지 않아요. 플랫폼 경제는 노동자들 간에 시간 싸움을 하도록 만들지요. 과로하고 초과 노동을 하도록 경쟁을 부추깁니다. 배달 노동자들은 시간을 다투는 대표적 노동자들입니다. 이들은 고객의 시간을 벌어주는 대신 돈을 받고 자신의 시간을 최대한으로 활용합니다. 전체적으로 한국 노동자들의 노동 시간을 보면, 2004년 이후 주 5일제가 도입되면서 연간 2500시간이었던 노동 시간이 조금 줄어들었습니다. 그러나 여전히 2000시간이 넘어요.

더구나 플랫폼 경제가 활성화되면서 노동자들의 연대가 느슨해집니다. 파편화된 개별 노동자로 살아가게 돼요. 이들이 단축한 시간은 고스란히 플랫폼 기업의 이윤이 됩니다. 빨리 배달할수록 고객의 평가가 좋아지고 그럼으로써 해당 플랫폼 이용자 수와 이용 시간이 늘 테니까요. 이처럼 노동 현장에서 시간 불평등은 갈수록 심각해지고 있습니다. 정치학자 엘리자베스 코헨은 이를 '시간적 부정의temporal injustice'로 부릅니다.

노동의 양상이 시간 착취를 강화하는 식으로 바뀌면서 우리는 점점 시간을 잃고 있습니다. 도처에서 시간의 빈곤화가 심화되고 있어요. 이제 '빈곤'은 단순히 돈의 문제가 아닙니다. 소득이 있어도 돈 쓸 시간이 없는 타임 푸어time poor가 늘어요. 시간 착취로부터 내 시간을 지켜야 하는 시대가 되었어요. 그러면서 오늘날 우리는 본의 아니게 다른 사람의 시간을 착취하거나 교란시키면서 일상을 영위하고 있어요. 새벽 배송이 그렇습니다. 나의 신선한 새벽을 위해 누군가가 밤샘 노동을 해야 합니다. 속도의 시대를 사는 요즘 시간에 대한 전환적 사고의 필요성을 새삼 느낍니다.

지금까지 시간의 계급성에 대해 노동 인권을 중심으로 살펴보았고요. 다음으로 또 다른 시간의 세계인 가부장제로 넘어가겠습니다.

가부장 사회에 흐르는 차별의 시간

가부장제란 무엇일까요? 여러 관점에서 정의할 수 있겠지만 저는 간단히 이렇게 설명드립니다. "어머니의 밥으로 아버지의 법을 굴러가게 한다." 제가 쓴 『정치적인 식탁』에 나오는 표현입니다. 여기서 법이란 제도 같은 공식화된 권력입니다. 밥은 누군가를 보살피는 돌봄 노동이지만 비공식적이고 사적인 노동으로 간주됩니다.

잠시 오 헨리의 단편소설 〈크리스마스 선물〉을 소개할게요. 잘 알려진 소설이라 내용을 알고 계시는 분이 많을 겁니다. 여기에는 가난한 연인이 등장합니다. 크리스마스가 다가오자 여자는 남자에게 선물하려고 머리카락을 잘라서 팔아요. 소설에는 엄청나게 탐스럽고 아름다운 금발 머리쯤으로 묘사되죠. 그 돈으로 남편에게 줄 시곗줄을 삽니다. 남자는 아버지에게 물려받은 귀한 시계를 팔아요. 그 돈으로 아내에게 줄 머리빗을 사죠. 어렸을 때는 그걸 읽으면서 남자가 손해 아닌가? 했어요. 머리카락은 또 자라면 그만이지만 시계는 당시로서는 꽤 비싼 물건이었잖아요. 뭔가 격이 안 맞는다고 생각했습니다. 그러다 2015년도에 여성학자 정희진 선생님이 쓰신 칼럼*을 보고 깊이 공감했습니다. 가난한 남성은 물건을 파는데 가난한 여성은 몸의 일부를 판 것에 주목하며 이 부분이 마음에 걸린다는 말씀을 해요. 가난한 남성과 달리 가난한 여성에게는 상품이나 노동이 아닌 육체성을 요구하는 남성 중심 사회의 현실을 에둘러 지적하신 듯했습니다.

저는 여기서 한 가지를 덧붙이고 싶은 게 왜 하필 시계였을까? 하는 문제입니다. 남성의 활동 무대는 집 바깥입니다. 여기서는 시간을 관리하는 게 무척 중요해요. 그러나 여성의 활

____

* 〈한겨레〉 칼럼 '정희진의 어떤 메모', 2015년 12월 18일자 토요판.

 왜 우리는 돈에 지배당하는가?

동은 집 안에 머물러요. 그런 사람에게 시계는 의미가 없을 테죠. 말하자면, 여성에게는 남성들의 마음을 사로잡는 탐스러운 머리카락이 가장 소중했고, 남성에게는 자기의 시간을 통제할 시계라는 상징물이 중요했던 겁니다. 여기에는 여성은 집 안 사람, 남성은 집 밖에서 활동하는 사람이라는 뿌리 깊은 가부장적 인식이 반영되어 있어요. 더구나 그 시계는 그의 아버지에게 물려받은 시계, 곧 역사가 있죠. 과거-현재-미래로 이어지는 물건입니다.

오늘날 여성의 경제 활동 참여가 늘고 있는 상황에서도 이와 같은 편견은 계속됩니다. 예를 들어 전통적으로 음식을 만드는 일은 여성이 도맡는 가사 노동의 일부였습니다. 그래서 요리하는 여성은 '손맛 좋은' 아줌마나 할머니가 됩니다. 하지만 요리하는 남성은 '셰프'로 불리죠. 손맛 좋은 삼촌, 이런 얘기 안 나옵니다. 방송에 요리 프로가 유행인데요. 남성 셰프들이 훨씬 많이 등장하죠. 이분들 요리 설명할 때 굉장히 분석적이에요. 온갖 과학적인 수사가 동원됩니다. 반면에 맛기행이나 음식점 소개할 때 요리하는 여성이 나오면 늘 나오는 수사가 있습니다. 어머니의 사랑. 알게 모르게 우리 인식 속에 그런 차별적 인식이 존재하는 거예요. 남자의 노동이 경제 활동이라면 여자의 노동은 사랑입니다.

이러한 차별은 머릿속에만 머물지 않습니다. 한국의 성별 임금 격차는 OECD 34개 회원국 중에서도 가장 커요. OECD 평균의 2배 이상입니다. 2024년 통계청 자료를 보면 여성의 시간당 임금은 1만 8113원으로 남성이 받는 2만 5886원의 70%에 불과해요. 사정이 이렇다 보니 여성들은 전문직이나 공무원을 선호합니다. 시험 봐서 들어가는 게 그나마 차별을 덜 받는 방법인 거예요. 그런데 이런 현상을 거꾸로 여성 인권이 신장되었다고 보는 견해가 있어요.

'요즘은 여자들이 공부도 잘하고 시험 성적이 좋다. 20~30대 남자들이 밀리다 보니 상대적으로 박탈감을 느낀다.' 이럽니다. 그래서 젊은 남성들이 보수화되는 거라고 주장합니다. 이런 논리에는 마치 남성이 역차별이라도 받는다는 인식이 깔려 있습니다. 하지만 정말 그렇습니까? 역차별을 받는데 왜 임금은 여성보다 훨씬 더 많은 걸까요. 데이터만 보아도 무엇이 진실인지 금세 알 수 있습니다. 그런데도 이런 사실들을 자꾸 외면해요.

2023년 통계청 자료를 보면 여성 생애 주기에서 임금이 가장 고점을 찍는 시기가 28세에서 30세 구간이에요. 금액은 300만 원이 채 안 되는 293만 원입니다. 여성이 평생 남성보다 임금 구간이 높은 시기가 있어요. 23~24세입니다. 남성이 군대에 가 있을 때예요. 그 1, 2년 수입으로 임금 편차를 극복하기란 애초에 불가능합니다. 반면에 남성은 44~54세 사이에 고점을 찍고 평균 335~467만 원의 임금을 받습니다. 그만큼 여성보다 오래 좋은 조건으로 직장을 다닌다는 뜻이에요.

이탈리아 출신의 정치학자 실비아 페데리치Silvia Federici는 바로 이러한 부분을 연구합니다. 가사 노동 같은 부불 노동임금을 지불하지 않는 노동 연구에 생애를 바쳐요. 특히 그는 저서 『임금의 가부장제The Patriarchy of Wages』에서 "재생산 노동에 대한 과소이론화undertheorizing"를 지적합니다. "남성이 일터에서 잃어버린 권력을 집에서 ―여성을 희생시켜― 회복하는 능력으로 인해 계급적 적대감이 많이 줄어"든 20세기 초의 새로운 질서를 페데리치는 임금의 가부장제라 정의합니다.* 남성 노동자가 계급적 불평등으로 쌓인 불만을 여성 차별을 통해 해소했다는 뜻입니다.

가부장 사회에서 여성의 노동은 무가치하고 부차적인 것으로 치부됩니다. 그럼으로써 노동의 불평등으로 인한 문제를 해결하기는커녕 초점을 흐리고 가부장제 속으로 숨기는 일이 가능해집니다. 예컨대 20대 배달 노동자가 사고로 죽으

---

* 실비아 페데리치, 『임금의 가부장제』, 안숙영 옮김, 에코리브르, 9쪽.

면 청년 노동자가 사망했다고 보도하는 언론이 40~50대 노동자가 사망하면 꼭 '가장'이라는 단어를 붙입니다. 가족 내 위계를 공식화하는 용어를 그대로 갖다 쓰는 겁니다. 1997년 말 시작된 IMF 외환 위기 당시 경제가 어려울 때부터 이런 관점이 유행하기 시작했어요. 기업의 구조 조정과 정리 해고가 급증할 때 '가장'인 남성 노동자는 상대적으로 보호받았습니다. 반면에 여성 노동자들은 가장 먼저 해고당했어요. 남성이 경제적 부담을 더 느낀다는 점을 지적하려는 게 아닙니다. 현실적으로 그럴 수 있어요. 하지만 해고에 이런 가부장적 편견이 개입되어 여성들을 경제적으로 더 취약하게 만듭니다.

실비아 페데리치는 차별받는 여성의 노동을 연구하면서 여성의 가사 노동 및 돌봄 노동을 자본주의 생산 과정의 필수적인 부분으로 제대로 인식하거나 평가하지 않았던 한계를 지적합니다. 요리, 청소, 빨래 등 재생산을 위한 각종 노동이 '집안일'로 폄하돼요. 당연히 여자들이 해야 할 일로 취급합니다. 당연히 대가는 없습니다. 그럴 대상 자체가 아니니까요. 노동 시장의 시간은 남성 중심이기에 임금 노동자로서 여성의 시간은 제대로 보장받지 못합니다.

집에 갇힌 여성의 노동

　법과 제도는 싸워서라도 고치면 됩니다. 하지만 이런 잘못된 문화는 대대손손 그대로예요. 뿌리 깊은 가부장 문화인데 실리아 페데리치 같은 분이 바로 이런 점을 지적한 거예요. 제가 이렇게 말씀드리면 "요즘 젊은 남자는 안 그래요!", "우리 아들이 집안일을 얼마나 잘하는데요. 설거지도 알아서 다 합니다." 하시는 분이 있습니다. 식기세척기도 있고 건조기도 있는데 뭐가 걱정이냐는 분도 있어요. 그렇다면 정말 요즘은 가사 노동을 잘 분담되고 있을까요? 그래서 제가 데이터를 찾아보았습니다.

　2019년 통계청이 발표한 〈생활조사결과〉를 보면 맞벌이 부부가 가사 노동에 보내는 시간은 남편이 54분, 아내가 3시간 7분입니다. 여성이 세 배 이상 많아요. 2024년 자료에는 남편 1시간 24분, 아내 3시간 32분이에요. 지난 5년간 다소 완화되었지만 차이는 여전히 커요. 전업주부는 더하겠죠. 그래서 맞벌이를 하든 안 하든 가사 노동은 여성의 몫이라는 사실을 자료는 보여주고 있어요.

　문제는 이렇게 여성에게 전가된 가사 노동이 그 가치를 인정받지 못한다는 점입니다. 직장에서는 일을 더 하면 수당이 붙습니다. 성과가 좋으면 성과급을 따로 줘요. 그러나 가사 노동에는 그런 것이 없습니다. 예를 들어 과거 '저녁이 있는 삶'이 정치적 화두가 된 적이 있습니다. 근무 시간이 너무 기니까, 일찍 퇴근해서 저녁 시간을 누리게 하겠다는 이야기였어요. 사람들은 식구들이 모두 저녁 식탁에 둘러앉아 오순도순 이야기하는 장면을 상상합니다. 하지만 이는 여성들의 노동 시간 연장을 의미합니다. 전가된 가사 노동 때문이에요. '저녁이 있는 삶'이 누군가에게는 지옥 같은 삶이 될 수도 있는 겁니다.

과거 주 5일제 수업이 도입될 당시, 학교는 다른 기관에 비해 순차적으로 적용되었어요. 토요일은 격주로 등교했지요. 이유가 바로 돌봄 노동때문이에요. 토요일에 학교에 안 가면 누군가는 집에서 아이를 돌보아야 하잖아요. 집안의 돌봄 노동은 가장 늦게, 가장 천천히 변화합니다. 게다가 가사 노동의 특징은 무한반복이라는 데에 있습니다. 요리, 빨래, 청소, 매일 해야 해요. 끝나면 또 새로운 일거리가 생겨요. 끝이 없습니다. 다른 노동처럼 연대도 힘듭니다. 각자 개별적인 공간에서 일하는 데다 계층도 다 달라요. 플랫폼 노동자들처럼 동일한 일을 고리로 서로 연결되기가 어렵습니다. 공식적인 파업과 연대가 구조적으로 불가능합니다. 게다가 공고한 가부장주의는 이러한 노동을 '가족'이라는 틀 안에 묶어둡니다. 가족을 위한 여성의 희생을 미덕으로 생각해요.

윤석열 정권에서 성별 고정 관념은 더 퇴보했어요. 2024년 4월 여성가족부에서 발표한 〈2023년 가족실태조사〉에 따르면 "가족의 경제적 부양은 주로 남성이 해야 한다"는 질문에 동의하는 비율이 2020년 22.4%에 비해 2023년 33.6%로 10% 넘게 상승합니다. 또한 "가사는 주로 여성이 해야 된다"는 질문에 대한 동의율 역시 2020년 12.7%에 비해 2023년 26.4%로 두 배 이상 상승했습니다. "가족의 의사 결정은 주로 남성이 해야 한다"는 질문에는 2020년 9.8%에서 2023년 18.9%로 두 배 가량 상승해요. 불과 3년 사이에 성별 고정 관념이 급상승했다는 것을 알 수 있습니다.

성차별적인 사회로 갈수록 남성이 경제적 부양을 해야 된다는 생각은 더 강해집니다. 남성 입장에서는 부담된다면서도 은근히 내려놓지 않으려고 합니다. 그것이 한편으로는 권력이 되기 때문이에요. 이러한 설문 결과는 진보는 저절로 이루어지지 않는다는 점을 다시 한번 확인시켜줍니다. 어떤 정권이 집권하고 사회 분위기가 어떻게 흘러가느냐에 따라 우리 사고방식이 달라져요. 빼앗긴 시간을 여성들에게 돌려주려면 가부장주의와의 싸움을 멈춰서는 안 됩니다.

차별적인 성별 고정 관념 안에서 성 역할은 '자연화'됩니다. 가부장주의의 의도성이 삭제되고 '원래 그런 것'이 되어버려요. 엄마, 아내라면 당연히 해야 합니다. 각종 광고는 이런 고정 관념을 강화해요. 젊은 여성 연예인은 결혼하고 나면 '엄마'가 되어 등장합니다. 그러면서 "엄마라면 이 정도는 해야죠" 같은 메시지를 주입해요. 한편 "일요일엔 아빠가 요리사"라는 말 광고에서 자주 들어보셨죠. 이건 무슨 뜻이에요. 그럼 월요일부터 토요일까지는 엄마가 요리사라는 뜻이잖아요. 그렇지 않다면 이렇게 특별히 아빠의 요리를 강조할 이유가 없죠. 우리는 이러한 차별화된 성 역할을 자연스럽게 받아들입니다. 일종의 '자연 상태'라고 생각해요.

한편 집 밖으로 나간 여성의 부불 노동은 저임금 노동으로 탈바꿈합니다. 직장에서 공짜로 일을 시킬 수는 없잖아요. 그렇다고 해서 다른 노동처럼 제대로 된 임금을 받지 못해요. 그만한 가치를 인정받지 못하기 때문입니다. 과거 급식 노동자 정규직화 논란이 있을 때 한 정치인이 희대의 망언을 한 적이 있습니다. '밥하는 아줌마'가 왜 정규직이 되어야 하느냐고 해요. 아무나 하면 될 일을 뭐 하러 돈 들여 정규직화하느냐는 뜻입니다. 이것이 바로 우리 여성들이 주로 맡는 노동이 처한 현실이에요. 같은 노동을 해도 여자가 하면 밥하는 아줌마가 되고 남자가 하면 매력적인 직업을 가진 셰프가 됩니다.

가사 노동은 대가 없는 노동이 아니다

경제학자들 사이에는 이러한 부불 노동 인식을 풍자하는 농담이 있습니다. "전업주부와 결혼하면 국내 총생산을 낮추는 것이고, 어머니를 양로원에 모시면 국내 총생산을 올리는 일이다"[*]

미국 경제학자 낸시 폴브레Nancy Folbre는 저서 『보이지 않는 가슴The Invisible Heart』에서 이렇게 말합니다. 전업주부의 가사 노동은 부불 노동이니 통계적으로 생산에 잡히지 않아요. 하지만 양로원에 어머니를 모시면 일자리 창출이 되는 거예요. 과거에는 어르신들이 병들고 아프면 집 안에서 딸과 며느리들이 수발했습니다. 간병 자체가 부불 노동이었어요. 그러다 이걸 임금을 주는 노동으로 바꾸고 나니 간병비 부담이 늘었다거나 간병비 폭탄이라는 말들이 나오는 겁니다. 실제로 상

---

[*] 낸시 폴브레, 『보이지 않는 가슴』, 윤자영 옮김, 또하나의문화, 109쪽.

당한 가계 부담이 되고 있어요. 중요한 건 그 일을 그동안 여성들이 아무런 대가 없이 해왔다는 점입니다.

가사와 돌봄 노동이 언제까지 여성에게 부과되는 부불 노동으로 남아야 할까요? 남성들은 사회의 많은 분야에서 활약합니다. 진출 안 하는 데가 없어요. 정치, 경제, 사회, 문화, 과학, 예술 등 어디에 가도 만날 수 있어요. 그런데 오직 한 군데에서만큼은 보이지 않습니다. 바로 부엌이에요. 단지 귀찮은 일이라서 그런 게 아닙니다. 개인의 선택이라기보다는 밥 짓는 노동이 가부장주의 맥락 안에 있기 때문이에요. "밥상을 가져다 바친다"고 말하잖아요. 위계를 전제로 하는 표현입니다. 그 일을 하는 사람은 집안에서 권력을 가진 사람이 아니에요. 당연히 여성이 해야 할 일입니다. 남성은 부엌에 얼씬도 해서는 안 돼요. 최근에도 그런 사고방식을 가진 분들 많습니다. 부엌을 남자들은 접근하지 말아야 할 금기의 영역으로 생각해요. 이런 가부장 문화는 사회 곳곳에서 발견됩니다.

가령, 아주 오랫동안 여성 교도소에서 밥 짓는 노동을 재소자들이 했습니다. 저는 그 사실을 알고는 깜짝 놀랐어요. 교정 시설은 국가 기관이잖아요. 재소자뿐만 아니라 공무원들도 거기서 생활해요. 그들이 먹을 밥을 여성 재소자들이 도맡아서 했던 겁니다. 기록을 보니까 여성 기결수의 3분의 1이 오전 5시부터 오후 7시 30분까지 교정 시설 직원들^{약 300여 명}을 위한 식사 준비에 투입되었다고 해요. 그러면서 직업 훈련 같은 당연한 기회가 박탈당해요. 교정 시설은 처벌 기관이자 교육 기관이에요. 나중에 사회에 나가서 잘 적응할 수 있게끔 직업 훈련 등을 받습니다. 그런데 이 사람들은 그럴 수가 없 어요. 온종일 밥하느라 모든 시간을 빼앗깁니다. 결과적으로 경제적 독립을 위한 직업 선택의 권리, 교육받을 권리를 국가 가 박탈한 셈이에요. 여기에는 밥 짓는 노동을 당연히 여성이 해야 할 일로 여긴 가부장적 사고가 깔려 있습니다. 이 제도 는 2007년까지 지속되다가 이후 단계적으로 폐지됩니다.

우리 사회에서 요리와 청소, 각종 돌봄 노동은 여성의 저임 금에 의지합니다. 국가 기관조차 제대로 임금을 지급할 의지 가 없어요. 우리나라 학교 급식법에서 학교 급식은 '수업일 점심시간'으로 규정하고 있습니다. 그래서 급식이 제공되지 않는 방학 기간에는 조리 종사자를 비근무자로 처리합니다. 월급이 안 나와요. 급식 노동자들이 이 부분을 계속해서 문제 제기했습니다. 다행히 전남교육청에서 2024년부터 상시전 일제로 전환했고, 다른 지역도 개선해나가는 모양입니다.

급식 노동은 힘들어서 사람 구하기도 쉽지 않습니다. 우리

동네 초등학교에는 최근 몇 년 동안 급식 조리사를 모집한다
는 플래카드가 걸려 있어요. 그런데 그 옆에 또 하나의 플래
카드가 있어요. 비정규직은 일할수록 수입이 줄어든다는 내
용입니다. 급식 노동자를 모집하는 플래카드와 처우 개선을
요구하는 플래카드가 나란히 걸려 있어요. 이상한 일이죠. 사
람이 부족하면 근무 환경을 좋게 하거나 임금을 더 주면 될
텐데 그렇게는 안 되는 모양입니다. 학교는 아이들이 공부하
는 곳입니다. 밥 짓는 노동이 그곳에서조차 인정받지 못한다
면 아이들이 무엇을 배우겠어요. 학교에서만큼은 그러지 않
았으면 좋겠습니다.

그래서, 지금까지 시간의 계급과 시간의 가부장주의에 대
해 말씀드렸고요. 마지막으로 '시간의 인종주의' 이야기를 해
보겠습니다.

인종주의가 낳은 이주 노동자의 죽음

오늘날 우리는 글로벌 사회에 살고 있습니다. 거리에서도
외국인들을 흔하게 볼 수 있어요. 특히 이주 노동자가 늘면서
사회 각 분야에서 역할을 담당하고 있습니다. 그런데 이들이

어떤 조건에서 어떻게 일하는지는 잘 보이지 않아요. 간혹 언론을 통해 이들의 열악한 노동 환경이 소개될 뿐입니다. 그만큼 이들의 시간을 우리가 착취하고 있는 거예요. 이주 노동자들이 저임금으로 더 많이 일하는 만큼 고용인은 이익을 봅니다. 물건값이 싸지고 소비자는 이득을 봐요. 이 부분을 한번 짚어보려고 해요.

2025년 7월 9일 경북 구미에 있는 아파트 공사 현장에서 한 일용직 노동자가 사망하는 사고가 발생합니다. 그는 베트남에서 온 이주 노동자였어요. 23살에 한국에 와서 농촌에서 일하다가 건설로 직종을 옮깁니다. 그런데 출근한 첫날 그런 사고를 당한 겁니다. 폭염이 심한 날이었습니다. 낮 최고 기온이 37도였어요. 사망 당시 노동자의 체온은 40도를 넘었다고 합니다. 무더위 속에서 일하다가 온열 질환으로 사망한 거예요.

노동계는 폭염기에 휴식 의무화 적용을 오랫동안 요구해 왔어요. 33도가 넘으면 2시간마다 20분씩 휴식해야 하는 산업안전 보건기준을 지키라는 것이었습니다. 그런데 현장에서는 잘 지켜지지 않았죠. 그나마 그날은 단축 근무가 있었습니다. 4시간쯤 근무하다가 오후 1시경 퇴근했다고 해요. 그러나 이주 노동자는 예외였어요. 한국 노동자들에게만 단축

근무가 적용되고 이주 노동자는 폭염 속에서도 계속 일해야 했습니다. 결국 이러한 차별적 대우가 사망 사고로 이어진 겁니다.

우리나라에서 이주 노동자는 노동 조건이 열악한 기피 업종에서 주로 일합니다. 그러면서 저임금과 장시간 노동에 시달려요. 이주 노동자는 애초에 불리한 조건을 안고 우리나라에 옵니다. 일단 체류 기한이 최대 4년 10개월로 제한되어 있어요. 그동안 이 사람들은 한국에 오기 위해 들인 각종 비용을 보전하고도 남을 만큼의 돈을 벌어야 합니다. 그래서 불합리한 대우를 받아도 참고 일해요. 이주 노동자들은 근로기준법 적용에 있어서도 제한이 많습니다. 앞서 건설 현장에서 있었던 사망 사고가 보여주듯이 내국인과 달리 차별받아요. 특히 체류 기간이 지난 미등록 노동자들은 법적 보호를 받지 못하다 보니 인권의 사각지대에서 지내야 합니다. 극단적으로 단속을 피하다 사망하는 사례까지 나옵니다.

시간적 측면에서 말하자면, 그들이 노동하는 데 더 많은 시간을 쓸수록 우리가 이익을 얻는 구조입니다. 각종 통계는 그들이 내국인 노동자보다 더 많은 시간을 일하며 더 조금 쉰다는 사실을 알려줍니다. 2016년 국가인권위원회가 실시한 〈인권 상황 실태 조사〉에 따르면 건설업에 종사하는 외국인 노동자의 92.2 %가 하루 10시간 이상을 일했습니다. 평균 휴식 시간은 점심시간 1시간을 제외하면 25분에 불과했어요. 한 달에 28일 이상 일하는 이들도 27.1%나 되었고요. 4년 후인 2020년에 한국노동안전보건연구소가 조사한 〈건축현장 본층 노동강도 평가 보고서〉에 따르면 알폼 노동자들의 하루 평균 노동 시간은 10시간이었습니다. 이전 조사와 크게 차이가 없죠. 참고로 '알폼'은 건설업계에서 쓰이는 용어인데요. 알루미늄 폼, 즉 건물을 지을 때 사용하는 거푸집을 말합니다. 이처럼 이주 노동자들이 건설 현장에서 많이 일하는데, 내국인보다 더 힘든 일을 오랫동안 도맡아서 한다고 해요.

앞서 노동자의 시간은 기업의 이윤을 만든다고 했는데, 이를 국가적 차원에서 본다면, 이주 노동자의 시간을 자국민의 이윤으로 삼는다고 볼 수 있습니다. 시간을 아껴야 하는 이주 노동자는 아파도 병원에 잘 가지 않습니다. 고용주 눈치가 보이니까 아프다는 사실 자체를 숨겨요.

이주 여성 노동자들은 특히 성폭력에 굉장히 취약합니다. 피해를 당해도 신고조차 못 해요. 인권 침해의 사각지대에서 살고 있는 것입니다. 정치권에서는 최저 임금을 외국인 근로자에게는 적용하지 말자는 이야기가 나왔습니다. 명분은 우리 국민이 혜택을 누리기 위해서라고 합니다. 저는 이런 사고야말로 인종주의적 발상이라고 생각합니다. 한마디로 이주 노동자를 우리와 동등한 인간으로 보지 않는 거예요.

서울시에서 저출산 대책이라며 필리핀 가사 노동자를 수입하는 시범사업을 2024년 9월에서 2025년 2월까지 진행했습니다. 이것도 같은 맥락입니다. 그 사람들에게는 힘든 일을 적은 돈을 주며 시켜도 된다고 생각하는 거예요. 심지어 이는 저출산과도 관련이 없어요. 그런다고 해서 아이를 많이 낳지 않습니다. 싱가포르나 홍콩처럼 일찌감치 외국인 가사 노동자를 수입해온 나라의 출산율을 보면 알 수 있어요. 싱가포르는 2023년 0.97로 사상 최저치의 출산율을 기록했어요. 같은 기간 홍콩은 0.77이었는데 2024년 조사에 따르면 0.73까지 떨어져요.* 서울시에서 이런 말도 안 되는 정책을 저출산 대책이라는 명분으로 내놓는 이유는 다른 데 있어요. 필리핀 가사 도우미들의 시간을 빼앗아 일부 중산층 여성의 노동력을 확보하려는 거예요.

시간의 인종주의와 시간의 가부장주의가 결합해서 저임금 외국인 가사 노동자를 만들어냈습니다. 서울시에서 시행한 필리핀 가사 도우미 사업은 이미 많은 지적과 비판을 통해 실

---

* 동아일보 국제면, 2025년 6월 15일자.

패가 검증되었지요. 인권 없는 저출산 대책은 불가능합니다. 게다가 여성 이주 노동자들은 이중 삼중의 차별 속에서 저임금 노동을 하면서도 성폭력에 노출되어 있습니다.

유럽에는 오페어au pair라는 일종의 청년 문화 교류 제도가 있습니다. 외국 청년들이 일정 기간 현지 가정에서 먹고 자고 하면서 가사와 돌봄 노동을 합니다. 대신 소정의 임금을 지급하죠. 주로 아시아나 아프리카 사람들이 많이 신청합니다. 오페어는 프랑스어로 동등하다는 뜻이에요. 최소한 못사는 나라 사람 데려와서 저임금으로 부린다는 생각은 아닌 거예요. 동등하게 노동과 임금을 주고받고 문화 교류를 한다는 취지인데 문제는 현실이 그렇지 못했다는 거예요. 착취 문제가 불거지고 무엇보다 젊은 이주 여성들이 남성 집주인의 성폭력에 노출되면서 비판 여론이 높아집니다. 그래서 노르웨이는 오페어 제도를 2024년에 공식 폐지했어요. 이런 추세 속에서 우리는 거꾸로 가고 있습니다.

이처럼 같은 시간에 같은 노동을 하지만 이주 노동자에게는 더 낮은 임금과 불리한 환경이 제공됩니다. 휴식 시간은 덜 보장 받고 임금은 더 낮게 책정하지요. 자국민의 한 시간과 이주민의 한 시간은 이렇게 다르게 취급받습니다. 그들은 그래도 된다는 사회의 암묵적 합의가 작동하고 있지요. 우리 사회의 농촌, 어촌, 공장, 건설 현장, 동네 식당 등에서 이주 노동자들은 우리 일상을 보이지 않게 떠받들고 있습니다. 이주 노동자의 시간으로 자국민이 돈을 버는 구조라고 해도 과언이 아닙니다.

이런 기준은 지역과 수도권의 임금 차등 지급이라는 논리까지 만들어냅니다. 인종주의적 발상이죠. 주거 비용을 비롯해 생활비가 다르니 임금도 다르게 적용하자는 겁니다. 이주 노동자만이 아니라 지방 노동자들을 수도권 노동자들과 다르게 대우하겠다는 발상은 지역 격차를 더 강화하고 지역의 노동자들에게 박탈감과 소외감을 줄 것입니다.

소수자에게 '나중에'는 없다

지금까지 살펴본 대로 시간은 결코 중립적이거나 평등하지 않습니다. 노동자의 시간과 자본가의 시간은 다르게 취급받습니다. 시간의 성차별은 여성 노동자를 이중으로 차별하고, 이주 노동자는 자국 노동자보다 불리한 조건에서 일합니다. 외국인 가사 노동에는 이러한 인종주의와 가부장주의의 차별이 동시에 작용합니다. 여성 이주 노동자들이 겪는 이중,

삼중 차별은 굉장히 심각해요. 이들은 우리보다 훨씬 많은 시간을 일해요. 이들의 시간을 착취해서 또 다른 누군가가 혜택을 보고 있습니다. 시간 불평등은 인권의 문제예요.

우리나라에서 예전에 동남아시아 여성을 대상으로 한 국제결혼 홍보 현수막이 곳곳에 걸린 적이 있습니다. "베트남 며느리 착해요", "베트남 여자와 결혼하세요" 이런 현수막이 시골에 걸려 있었죠. 베트남 사람들이 그 사실을 알고 크게 분노합니다. 이처럼 특정 국가의 여성을 모독하는 내용이 계속 문제가 돼요. 그러면 "우리나라 남자랑 결혼하면 고생도 덜하고 좋잖아요"라고 말하는 분들이 있습니다. 이러한 시선이야말로 인종 차별적 사고라는 점을 알아주셨으면 합니다.

정치적 시간을 제대로 인정받지 못하는 사람들이 겪는 고통은 지금, 이 순간에도 계속되고 있습니다. 이들에게 '나중에'는 그만큼 시간을 빼앗는 일이 됩니다. 예를 들어 차별금지법이 아직은 시기상조라며 반대하는 주장은 성 소수자나 장애인을 비롯해 차별을 겪는 사람들을 계속 고통의 시간에 두자는 말과 다름없습니다. 사회의 소수자들은 시민으로서 그들의 시간을 존중받아야 합니다. '지금 당장'을 말하는 목소리는 늘 '나중에'를 말하는 권력과 마주칩니다. 시간을 두고 벌이는 투쟁인 것입니다. 나중으로 밀리는 시민은 그만큼 정치적 발언권과 지위를 박탈당합니다.

변희수 하사 사례를 보면 잘 알 수 있어요. 2020년 1월 22일 국방부는 그를 강제 전역시켰습니다. 복무 중 성전환 수술을 했기 때문입니다. 공식적인 사유는 "남성의 성기와 고환을 가지고 있지 않기 때문에 장애가 있는 몸이라서 근무할 수 없다"예요. 굉장히 모순된 판단이죠. 남성 성기가 있어야만 군인이 될 수 있다는 뜻이잖아요. 그러면 여군은 군인이 아닌가요? 한쪽에서는 여자도 군대에 가라고 하면서 정작 군대에서는 멀쩡히 잘 근무하고 있던 사람을 남자가 아니라는 이유로 전역시켰습니다. 이분 보직이 기갑부대였어요. 우리가 고환으로 탱크를 몰지는 않잖아요. 군인이라는 직업 선택에 있어 아무런 장애가 되지 않음에도 국가가 이를 근거로 거부한 겁니다. 명백한 차별이에요. 변희수 하사는 어려서부터 군인을 꿈꾸었다고 합니다. 그런 시민의 꿈을 국가가 말도 안 되는 논리로 짓밟은 거예요. 안타깝게도 그는 전역당한 이듬해에 자살하고 맙니다. 이런 현실에서 미루자는 말은 그 자체로 누군가의 삶을 중단시킬 수도 있는 폭력이라는 점을 인식할 필요가 있습니다.

시간이 인권의 문제라고 말씀드렸습니다. 타임 푸어의 최하층에는 누가 있을까요. 시간 주권을 회복하는 것은 인권의 기초입니다. 노동의 시간과 자본의 시간 사이에서 어떻게 균형을 찾을 것인가. 시간의 주체가 될 때, 내 시간이 나의 것이 될 때 생존, 그러니까 빵을 넘어 장미, 곧 실존하는 존재가 되겠지요.

시간이 과대평가 되는 사람이 있는가 하면, 평가절하되는 사람도 있습니다. 간혹 언론에서 파업으로 인해 기차가 연착되거나 버스가 늦게 올 때 '시민의 발목'을 잡는다고 표현하지요. 이때 누구의 시간에 더 가치를 두는지 드러납니다. 이렇게 정치적 시간을 제대로 인정받지 못하는 사람들이 겪는 고통은 순간적이지 않고 지속적으로 이어집니다. 예를 들어 차별금지법을 두고 '나중에'를 말할 때, 성 소수자나 장애인을 비롯해 차별을 겪는 사회의 소수자들은 시민으로서 그들의 시간을 존중받지 못한다는 뜻입니다. 이처럼 시간은 각종 권리와 정치권력을 거래하는 데 사용됩니다. '지금 당장'을 말하는 목소리는 '나중에'를 말하는 권력에 대항하는 시간 투쟁이나 다름 없어요. 한 사회가 얼마나 평등한가를 판단하려면, 그것이 국민의 시간을 어떻게 다루는지 평가해야 합니다. '나중에' 정치는 사회적 약자와 소수자들의 시간을 차별하여 구조적 불평등을 지속적으로 강화합니다. 시간 주권을 지키려면 각자의 시간에 대한 이해가 필요합니다. 여성의 시간,

장애인의 시간, 노인의 시간은 모두 달라요. 횡단보도 건널 때의 보행 시간만 해도 보통 사람이라면 신경 쓸 일이 아니지만, 몸이 불편한 노인이나 장애인에게는 다르게 흐릅니다. 겨우 도로 중간쯤에 이르렀는데 주황색 불이 깜빡거려요. 우리 시간을 아끼려고 그들에게 불편함을 강제하는 거예요.

참고로 제 아버지가 70대 후반입니다. 예전에 우리 집에 다녀가신 적이 있었는데 그때 서울역에서 버스를 타고 오셨어요. 2층 버스였는데, 보통 1층에는 노약자석이 있습니다. 그런데 보니까 젊은 사람이 그 자리에 앉아 있어요. 아버지는 대신 2층으로 올라가 빈자리를 찾아 앉았습니다. 목적지에 도착해서 내리려고 하는데 시간이 걸립니다. 1층으로 내려가는 계단이 무척 가팔라요. 시간 없다고 운전기사가 아버지를 재촉합니다. 겨우겨우 버스에서 내렸다는 말씀을 아버지가 하세요. 노약자는 거동이 불편합니다. 그만큼의 시간이 필요해요. 우리 사회가 시간을 설계할 때 이런 분들을 배려해야 한다는 생각이 그때 들었습니다.

시간은 우리가 모두 누리는 것이지만, 동일하게 주어지지 않습니다. 누군가의 여유는 누군가의 시간을 착취한 결과이고, 또 누군가의 시간은 누군가가 배려한 결과입니다. 시간은 인권의 문제입니다. 시간의 주체가 될 때, 즉 내 시간이 온전

히 내 것이 될 때 인간다운 삶이 보장된다고 생각해요. 그 시
간을 다 함께 지킬 수 있었으면 좋겠습니다.

3장

돈 문제를
어떻게 가르칠까?

천정환

천정환

성균관대학교 국어국문학과 교수. 한국 현대문학사 및 문화사 연구자이자 작가
다. 지성사와 현실의 문화정치에 대한 관심을 바탕으로 다양한 연구 성과와 문
화비평을 발표해왔다. 새롭고 융합적인 인문학과, 아래로부터의 앎의 흐름에서
자극받고 그에 호흡을 맞추려 나름 노력하고 있다. 쓴 책으로 『근대의 책 읽기』,
『대중지성의 시대』, 『자살론』, 『조선의 사나이거든 풋뽈을 차라』 등이 있고,
함께 쓴 책으로 『민중의 시대』, 『근대를 다시 읽는다』 등이 있다.

　자본주의 사회에서는 돈이 핵심이에요. 돈을 매개로 모든 사회생활이 이루어지고 우리가 접하는 일상 대부분과 모든 '가치'를 화폐로 설명될 수 있다는 뜻이에요. 생각해보면 이를 벗어나 살기가 어렵기 때문에 정말 무서운 일이지요.

　그렇다면 돈과 인권은 무슨 관계일까요? 인간의 가치가 돈이라는 자원에 의해 좌우되고 사람들의 인권을 잘 보장하는 데도 돈이 들어갑니다. 따라서 돈이 어떻게 쓰이고 있느냐가 한 사회의 인권을 보여주는 지표가 돼요. 너무 당연해서 별로 이야기할 게 없어요.

의미 있게 돈을 쓴다는 것

오늘 두 가지 주제로 말씀드릴 건데요. 하나는 '돈과 우리 삶'입니다. 우리가 돈을 어떻게 벌고 또 쓰고 있는가, 이것이 우리 삶에 어떤 영향을 미치는가 하는 문제이고요. 두 번째는 '교육'입니다. 우리 학생들이나 아이들, 즉 미래 세대에게 돈에 대해 어떻게 무엇을 가르칠 것인가 하는 문제예요.

우리는 한 사람의 경제적 주체로 살아갑니다. 일을 하고 돈을 벌어요. 우리나라 사람들은 전 세계적으로도 가장 늦은 나이까지 일을 하면서 살아요. 여전히 사회복지가 약한 현실에서 그래야 자신과 가족들을 건사할 수 있으니까요.

만약 중산층이고 자녀가 있는 사람들에게 그렇게 해서 모은 재산을 어떻게 할 거냐고 물으면 대부분 자녀에게 물려주겠다고 답할 거예요. 그러나 정신이 제대로 박힌 부모라면 유산 그 자체를, 또 큰돈을 물려주는 것이 목적이라고 말할 거 같지는 않습니다. 그보다는 자식들이 돈 때문에 고생하지 않고 살 수 있게 해주고 싶다고 할 거예요. 보통의 부모라면 인간으로서의 존엄, 자유와 평등, 이런 가치들을 누리려면 돈이 있어야 한다는 걸 알 거예요. 물려주고 싶은 건 돈 그 자체가 아니라 '좋은 삶'이거나 '좋은 삶'을 누리기 위한 방법입니다.

그래서 부모들은 열심히 벌고 자식을 교육시킵니다. 그런데 어떤 부모들은 돈 자체가 자식들에게 어떤 영향을 줄지는 미처 생각하지 못합니다. 오늘날 부모의 재산이 자식의 삶을 결정합니다. 부모의 돈이 너무 많아서 사람을 망치는 경우도 많지요. 그러나 아무리 돈 많은 부모라도 이런 걸 원하지는 않을 거예요.

돈을 잘 번다는 것도 어렵지만, '돈을 의미 있게 쓴다'는 것도 어렵습니다. 여러분은 돈을 어떻게 씁니까? 돈을 쓴다는 일이 윤리와 직결돼 있습니다. 매일매일 우리는 이 문제로 시험받습니다. 예를 들어 방송 광고에도 자주 나오지만, 세계에는 가난과 굶주림에 시달리는 아이들이 있습니다. 물도 오염되고, 각종 질병에 노출된 장면이 나오면 다들 안타까워합니다. 화면에 기부할 단체의 연락처가 자막으로 흘러나오면서 월 5000원이면 아이의 생명을 구할 수 있다고 말하죠. 이런데 돈을 쓰고 싶어 하는 선한 사람들이 우리 사회에는 분명히 많이 있습니다. 그런데 그보다 더 많은 이는 그 절절한 광고를 보고도 불쌍한 사람들을 도와야지 하면서 바로 기부하지는 않습니다. 왜 그럴까요? 내 코가 석 자라고 생각하기 때문입니다. 돈 문제는 결코 인정으로 해결되지 않아요. 일례로, 여러분들 중에 친구에게 돈을 빌리거나 빌려본 분이 계신가요? 그럴 때면 '우정'은 위기에 처하게 되고 우리의 마음은 시험대에 오릅니다.

우리는 매일매일 소비를 합니다. 자본주의 세상에서 산다는 것 자체가 곧 소비자로 산다는 것입니다. 흔히 하는 말로 숨 쉴 때도 돈이 듭니다. 세상에는 너무 좋고 비싼 물건들도 많고 자본주의 상품 경제의 발달은 선택의 여지가 너무 많게 해놓았습니다. 다이소에서부터 명품샵까지, 우리는 그중에서 무엇을 살지 매일 선택해야 합니다.

그러는 한편 노후를 대비해야 합니다. 이 돈을 당장 써야 할지 미래를 위해 저축해야 할지 망설이죠. 그나마 여유 자금이 있는 분은 행복한 편입니다. 한국의 노인 빈곤율은 세계 최고 수준이기 때문입니다.

이런 현상을 보면 마음이 복잡해질 수밖에 없습니다. 한편에서는 비참하게 사는 어린이들이 화면에 나오고, 거기서 채널을 옮기면 온갖 명품으로 치장한 배우들이 나오는 드라마가 나옵니다. 극단적인 상황이 혼재되어 있다 보니 현실 감각이 떨어지기도 해요. 이처럼 오늘날 돈은 우리가 보고 느끼는 모든 것에 개입합니다. 한 사람의 삶을 돈으로 평가하고, 또 어떤 사람의 삶을 돕고자 하는 선량한 마음도 돈을 통해 이루어지죠.

돈은 일상생활뿐 아니라 우리 마음 깊숙이 파고듭니다. 보험은 '불안'이라는 보이지 않는 미래를 토대로 개발된 대표적인 금융 상품입니다. 보험사는 우리 생애 주기를 정밀하게 패턴화해서 '보장'합니다. 우리는 인생을 살면서 만날지 모르는 각종 위험 요소를 관리하기 위해 보험이라는 상품에 가입해요. 보험 회사 플래너를 만나면 설명을 아주 잘해줍니다. 현재 내가 얼마를 벌고 있으며, 80세까지 산다면 얼마가 필요하고, 60세 은퇴 후에는 어떻게 해야 하고, 이런 식의 내용을 도표로 정리해서 보여줍니다. 듣다 보면 불안해져요. 그래서 암 보험도 들고 교육 보험, 연금 보험도 가입합니다. 보험 회사는 한국 사람들의 생애 주기가 어떻게 흘러가는지, 그 과정에서 어떤 위험 요소를 만나게 되는지 훤히 꿰고 있는 것처럼 보이기 때문입니다.

혹시 부동산이나 주식 같은 데 투자하시나요? 또 '프라이빗 뱅크PB'라고 들어보셨나요? 맞춤형 자산 관리 서비스입니다. 증권회사나 은행에 가면 재무 상담을 해줘요. 저금리와 '자산의 시대'라 합니다. 그래서 요즘은 여유 자금이 있는 중산층들은 거의 누구나 투자자로 살고 컨설팅을 받아요. 젊은 월급쟁이나 노동자들도 주식·코인 등에 관심이 많습니다. 말하자면, 돈을 어떻게 벌고 관리할 것인가를 각자 알아서 사적으로 해결하고 있는 거예요. 그러다 투자에 실패하고 손해를 보기도 합니다.

부의 집중과 가난의 대물림

"돌고 도니까 돈이다", "돈이 돈을 번다"는 말을 흔히 합니다. 그런데 이는 화폐와 금융^{자본}의 속성을 정확히 꿰뚫고 있어요. 돈은 그 속성상 순환하고 계속 불어나고자 운동합니다. 자본주의 경제에서 화폐는 생산과 소비를 매개할 뿐만 아니라 신용을 통해 끝없이 흘러 다니며 새로운 '가치'를 창출하는 데 투여됩니다. 자본은 투자를 통해 확대 재생산될 때 비로소 '자본'이 됩니다. 은행이나 증권사로 흘러든 돈은 다른 어딘가에 투자되고, 그렇게 해서 얻은 수익은 또 어딘가로 흘러 들어갑니다. 그러면서 자본주의 경제가 돌아가는 거예요.

투자를 하는 목적도 이와 관계가 있습니다. 돈을 그냥 두면 점점 그 가치가 떨어지니까 은행에 넣어두든, 주식에 투자하든 뭐든 하려고들 합니다. 금리가 낮아서 이런 경향이 더 커지고 여윳돈이 있건 없건 금융 자본주의 시대에는 모두 '재테크'에 뛰어듭니다.

왜 우리는 돈에 지배당하는가?

그중 부동산 특히 아파트는 우리 한국인들의 인생을 건 재테크 대상입니다. 한국은 산업화가 본격적으로 시작된 1960년대부터 이후 1980년대까지 고도성장을 이어갑니다. 1980년대에는 매년 10%에 가까운 성장률을 기록했고 1990년대 이후에도 IMF 경제 위기 이전까지 다소 둔화되기는 했지만, 꽤 높은 성장률을 기록합니다. 그 사이에 생긴 게 바로 부동산 신화입니다. 급격한 도시화와 인구 집중 등으로 땅값이 계속 올랐죠.

문제는 그 후입니다. 2000년대에도 2020년대에도 사람들이 감당 못 할 만큼 부동산값이 올랐고 특히 강남과 서울 일부 지역에서는 비정상적인 가격대가 형성되었습니다. 이제 아예 그런 지역에는 특정한 계층만 진입할 수 있게 돼버렸습니다. 그런데 세계 전체에서도 가장 비싼 값의 이 지역 아파트들이 한국 전체의 아파트값에 영향을 미칩니다. 정말 기이한 현상입니다.

구조적인 여러 원인들 때문에 사람들은 '내 집 마련'과 '아파트 한 채'를 놓지 못해요. 실수요자 같은 경우는 집값이 더 오를까 봐 대출까지 받아서 집을 삽니다. 대출 이자를 갚느라 허덕이면서도 정부와 건설사의 부추김 때문에 아파트를 삽니다.

돈이 돈을 버는 사회의 가장 큰 병폐는 빈부 격차입니다.

서울 강남 지역 아파트 모습.

돈은 통제받지 않는 한 결국 한곳으로 집중되고 집적됩니다. 부의 집중은 자본주의의 생리예요. 우리는 한 나라가 살기 좋아졌는지를 판단할 때 보통 경제 성장률을 말합니다. 그래서 한국의 올해 GDP국내 총생산가 5% 늘었다, 2% 늘었다, 이런 걸 따져요. 하지만 여기에는 함정이 있습니다. 나라의 부가 총체적으로 증가했다 해도 그 과실은 모두에게 골고루 돌아가지 않습니다. 산업별, 지역별, 계층별로 다 다릅니다. 어떤 도시는 더 많이 성장하고 어떤 지역은 외려 쇠락합니다. 예컨대 한국에서 농업은 마이너스 성장이지만, 반도체와 자동차는 훨씬 더 성장하고 서울과 경기도는 잘살지만 다른 지방은 인구도 줄고 소득도 감소합니다. 부유층은 더 많은 돈을 벌고 저소득층은 더 가난해집니다. 그런데 GDP 같은 지표나 '평균'은 이러한 차이를 보이지 않게 합니다. 이러한 현상은 계층 이동을 어렵게 합니다. 소위 '계층 사다리'가 사라져요.

저희 아버지는 흙수저 출신입니다. 부모님이 일찍 돌아가시는 바람에 할머니 손에서 자랐다고 합니다. 친척 집에서 청소년기를 보내면서 고생을 많이 했는데, 그 와중에 한국전쟁이 터지고 아버지는 어쩌다 장교 시험에 지원해서 합격했습니다. 그래서 장교로 참전하고 나서 종전 후에는 대학에 진학합니다. 당시 같은 길을 걸었던 아버지 동료들은 후에 출세한 분들이 많았어요. 군인들이 권력을 쥔 시대였으니까요. 어쨌든 그렇게 해서 대학에 간 아버지는 학교 선생님도 하고 1970년대 초에는 서울 영등포에서 직장 생활을 하기도 했어요. 그렇게 해서 아버지는 자수성가해서 중산층이 될 수 있었습니다. 제 아버지뿐 아니라 많은 한국의 중산층이 그렇게 집 한두 채를 사고 저축을 했지요. 그게 기반이 돼서 계층 상승을 하고 먹고살 만한 사람이 됐습니다. 굳이 서울이나 강남에 땅을 안 사도, 고등학교나 대학을 가서 직장 생활만 열심히 해도 중산층이 될 수 있었습니다. 고도성장의 시기가 지나고 취업 자체가 어려워진 요즘은 계층 상승은커녕 지금의 계층을 유지하기조차 어려워진 상황입니다. 그래서 요즘은 사회 이동이 불가능한 시대라고 합니다. 부자는 계속 부자로 살고 가난은 대물림돼요. 이는 단지 경제 성장이 더뎌서가 아닙니다. 부의 집중이 빠른 속도로 이루어지는 데 반해 이를 견제할 방도가 마련되지 않았기 때문입니다.

금융 자본주의의 도래와 재테크 열풍

한국 사회의 빈부 격차는 갈수록 심해지고 있습니다. 문재

왜 우리는 돈에 지배당하는가?

인 정권 초기에 멋진 구호가 있었습니다. '기회는 평등하게, 과정은 공정하게, 결과는 정의롭게!' 이를 실현할지 모른다는 기대도 있었지요. 촛불의 힘으로 집권한 정권 아니었습니까? 그런데 기회부터 불균등한 이 과정을 전혀 바로잡지 못했습니다. 눈이 흐린 사람들은 과정의 공정만 봅니다. 사법고시를 부활해야 한다든지, 수능 반영 비율을 높이자든지 하는 이야기가 그런 거지요.

한편으로는 사람들이 이런 현실에 순응하고 있어요. 무기력과 실망 등의 정서가 우리 사회를 지배하고 있습니다. 그래서 한편으로는 '인생 역전'을 노리는 시도들이 계속되고 있어요.

제가 예전에 코로나19가 한창일 때 〈경향신문〉에 쓴 글이 있습니다. 가족들이 어머니 기일에 모였을 때 이야기였어요. 어쩌다 보니 가족 모임의 화제가 주식 이야기였습니다. 어른들이 그런 이야기를 하니까 대학생 조카들도 눈을 반짝이며 들어요. 당시 '3종 자산'이라고 해서 사람들이 모이기만 하면 부동산, 주식, 코인 이야기를 하던 때였습니다. 부동산값이 폭등하고 주식 시장이 코로나 때문에 가라앉았다가 다시 급등합니다. 누구는 코인으로 수억을 벌었다더라 하는 이야기들이 떠돌 때였습니다. 전 세계적으로 돈이 많이 풀리던 시기였습니다. 우리나라도 그랬지만 각국 정부가 국민에게 지원금을 나눠주었어요. 그렇게 해서라도 돈이 돌게끔 하려는 거였죠. 미국만 해도 헬리콥터로 돈을 뿌린다는 표현이 어울릴 만큼 엄청난 예산을 투입했습니다. 그러면서 자산 가격이 다 올랐어요. 나라마다 사정이 다르기는 하겠습니다만, 우리나라는 그때를 전후로 주식과 부동산, 코인 등에 돈이 몰려듭니다. 그러면서 사람들이 돈 버는 방법이 '일'이 아닌 '돈 자체'에 있다는 사실을 새삼 깨달았다는 거예요. '열심히 일해서 돈을 번다'는 개념은 오늘날 점점 설 자리가 없어지고 있습니다.

이런 상태를 '금융 자본주의'라고 합니다. 그야말로 "돈이 돈을 버는" 시스템이죠. 이때의 돈은 바로 이자 수익을 뜻합니다. 믿기 어렵겠지만 예전에는 일을 안 하고 이자로 돈 버는 걸 금기시했어요. 예컨대 이슬람권에서는 코란에 '리바 riba'로 불리는 이자 개념을 금지하는 구절이 있으며, 이 원칙이 지금도 현대 이슬람 금융 시스템이자에 기반하지 않고 수익 공유형 투자나 리스 기반 금융을 사용하는 구조으로 이어져 왔다고 합니다.

그러다 자본주의가 전 세계에 도래하면서 '이자'와 신용은 정말 중요한 부의 축적 방법이자 사회가 돌아가는 원리가 됩니다. 예컨대 일정 금액을 투자하고 나중에 정산해서 이득을 나눠 갖습니다. 그 권리가 바로 '주식'이에요. 17세기 네덜란드가 무역으로 돈을 많이 벌 때 세계 최초로 도입했습니다. 공동 투자로 리스크를 줄이고 투자자는 수익을 얻었어요. 돈이 돈을 버는 겁니다. 주식회사의 등장은 '투자' 개념을 확장합니다.

유발 하라리의 책 『사피엔스』에 나오는 사례로 설명하겠습니다. 예컨대 누군가 빵집을 여시려는 분이 있는데 당장 자금이 없다고 가정해보겠습니다. 누군가 그분께 1000만 원을 빌려드리면서 '2년 후 원금에 300만 원을 더해 1300만 원을 돌려주시라'고 약정할 수 있습니다. 만약 빵집이 잘되면 돈을 빌려준 사람은 이자^{투자 수익}를 받아서 좋고 빵 가게를 한 사람은 사업이 잘돼서 좋겠지요. 돈을 빌려준 사람은 큰 노력 없이 300만 원을 벌었습니다. 그런데 오늘날의 금융 자본주의는 여기서 멈추지 않습니다. 투자자는 이 빵집 사장님께서 미래에 돌려줄 이자-수익을 담보로 삼아, 더 큰 투자자로부터 자금을 빌리기도 합니다. 이렇게 A가 B에게, B가 C에게, C가 D에게… 연쇄적으로 자금이 흘러가는 신용의 연쇄^{크레딧 체인}가 만들어집니다. 문제는 이러다가 채무자 중에 누군가, 즉 C나 D가 사업이 안되거나 문제가 있어 돈을 못 갚을 때예요. 돈을 못 받은 D는 C에게 돈을 못 갚고, C는 B에게 돈을 갚지 못합니다. B는 C에게 돈을 받을 걸 기대하고 A에게 돈을 빌

렸지만 돈을 받지 못하여, 모두에게 문제가 생깁니다.

이런 식으로 쌓여서 모두 크게 망하게 된 케이스가 바로 2008년 미국 리먼 브러더스 사의 파산에서 비롯한 세계 금융 위기예요. 고도로 발전한 자본주의는 신용의 체인을 이용해서 수많은 파생상품을 만들어냈는데, 문제가 생기면서 돈의 흐름이 딱 멈춘 겁니다. 당시 미국 금융사들이 서브프라임 모기지론으로 돈을 벌고 있었어요. 돈 갚을 능력, 즉 신용도가 낮은 사람들한테 돈을 빌려준 겁니다. 위험성을 알면서도 이자 수익을 위해 그렇게 한 겁니다. 그러나 상환 불가 사태가 이어지면서 결국 은행들이 넘어가기 시작한 거예요. 리먼 브러더스 사는 당시 세계 4위 규모의 투자 은행이었습니다. 한국 기업도 이때 손해를 많이 보았어요. 한 군데서 문제가 터졌는데 전 세계에 영향을 미칩니다.

요즘은 개인도 외국 주식에 투자하잖아요. 스마트폰만 있으면 간단하게 처리할 수 있습니다. 은행에서 파는 펀드 상품을 통해서도 투자할 수 있어요. 미국, 중국, 베트남, 브라질 등 상품 종류도 많습니다. 저금리 상황에서 가만히 은행에 돈을 묶어두는 경우는 많지 않아요. 어디든 투자하는 게 이득이라고 생각합니다. 문제는 모든 투자에는 위험성이 따른다는 점이에요. 불어나는 이자 안에는 누군가 생산한 부가 가치가 포함되어 있어요. 그런데 이게 끊어지면 연쇄적으로 손해가 이어집니다. 1000만 원을 벌 거로 예상하고 500만 원을 빌려줬는데, 100만 원밖에 못 받았다면 나머지 400만 원은 떼이는 겁니다. 투자는 투기를 내포합니다.

고용 불안정이 한탕주의를 부른다

오늘날 사람들을 더욱 투자에 매달리게 하는 요인으로 고용 불안정을 들 수 있습니다. 혹시 '대퇴사great resignation의 시대'라는 말 들어보셨나요? 코로나19 팬데믹 사태 이후 미국에서 수천만 명이 직장을 그만둔 현상을 일컫는 말입니다. 2021년에만 4700만 명, 2022년에 5000만 명 이상이 퇴사했다고 합니다. 이후 정상화되기는 했습니다만, 우리나라는 조금 다른 양상으로 퇴사 현상이 일어나고 있어요.

20~30대 직장인 중에서 특히 이런 현상이 많다고 하는데요. 외부적 요인 때문이 아니라 스스로 직장을 떠났다는 것입니다. 공무원만 해도 예전에는 선호 직업이었는데, 요즘은 인기가 확 떨어졌다고 합니다. 월급도 적을뿐더러 근무 환경도 안 좋으니 차라리 다른 일을 하겠다는 겁니다. 요즘은 근

로 소득만으로는 안정된 삶을 유지할 수 없다는 생각을 많이 하죠.

토마 피케티Thomas Piketty라는 프랑스 경제학자는 불평등이 심한 미국 같은 나라는 근로 소득보다는 자본 소득이 훨씬 높다는 것을 증명해 보였습니다. 사회 전체에서 일해서 버는 돈보다 돈을 굴려서 버는 돈이 많다는 뜻입니다. 그러니 누가 적은 월급에 만족하겠어요. 아침 일찍 출근해서 상사들에게 잔소리 듣고, 또 민원인에게 시달리고 그러느니 부동산, 코인, 주식, 이런 데 투자해서 인생 역전하는 게 낫다는 게 요즘 젊은 세대의 생각입니다. '경제적 자유'라는 말 들어보셨습니까? 유튜브나 각종 SNS에 보면 투자에 성공해서 젊은 나이에 임금 노동자 생활로부터 벗어났다는 내용을 쉽게 찾을 수 있습니다.

우리 세대가 예전 어른들한테서 자주 듣던 말이 있습니다. 교사나 공무원 같은 안정된 직장을 얻고 평생 한 군데 직장 열심히 다니다 정년퇴직하라는 말입니다. 더 좋은 건 의사·판사처럼 존경받는 전문직이 되는 건데요…. 물론 아직 이런 직종이 인기가 있지만, 평생직장 개념도 무너졌고 '좋은 직장'도 참 들어가기가 어렵습니다. 지금 젊은이들에게는 통용되기 어려운 이야기예요.

그래서 자기를 지키기 위해서라도 경제와 금융을 공부하고 투자를 해야 한다는 말이 현실성을 가집니다. 유명한 경제 유튜버 '슈카월드'라고 있습니다. 구독자만 300만 명이 넘는데, 서브 채널 '슈카월드 코믹스'를 만들었더라고요. 대상이 20~30대입니다. 이 유튜버는 자신이 금융회사를 퇴사하고 유튜버로 성공한 케이스예요. 젊은 친구들 대상으로 금융과 투자에 대해 '잘 가르치자!'는 목적으로 한 채널을 개설합니다. 투자 잘하는 법, 종목 고르는 법 등 콘텐츠가 다양하고 호응도 좋습니다.

우리가 학교나 가정에서나, 사회에서 잘 배울 수 없는 부분들이죠. 청년들이 유튜버 등을 통해 이런 식으로 교육을 받는 거예요. 당연히 돈 하면 투자, 수익 같은 말을 떠올립니다. 어떻게 하면 의미 있는 일을 하면서 돈을 벌 것인가, 어떻게 하면 돈을 가치 있게 쓸 것인가, 하는 문제는 뒷전이에요. 안타깝지만 그게 현실입니다.

상대적 박탈감도 이런 현상을 가속화해요. 당장 옆에 있는 동료가 주식 투자로 몇백을 벌었다, 부동산값이 몇 억이 올랐다는 소리를 들으면 일할 맛이 안 나죠. 젊은이들은 더 하겠죠. 누구는 코인으로 수십억을 벌고 퇴사를 했다는 이야기가 전설처럼 들려오는데 고된 노동을 하려 하겠습니까. 실제로는 투자에 실패하고 손해를 본 사람이 훨씬 많지만, 그런 이야기보다는 행운과 성공에 대한 이야기가 더 크게 들립니다.

분위기가 이렇게 되면 '노동의 가치'가 당연히 떨어집니다. 노동이라는 게 뭐예요? 단순히 돈만 버는 행위가 아닙니다. 이를 통해 능력을 개발하고 인간관계를 맺으면서 자기를 실현해나갑니다. 그런데 돈이 돈을 버는 시대에 전통적인 노동의 가치가 약해집니다. 게다가 인공지능과 로봇의 등장으로 노동하는 삶은 더욱 불안정해져요.

이런 현상과 돈에 관한 왜곡된 사고는 공동체 자체를 흔듭니다. 정말 돈이 남아돌아서 투자하는 사람은 소수잖아요. 대부분 안정된 삶을 살고 싶다, 행복해지고 싶다고 생각합니다. 다만 그 수단을 재테크로 삼는 거죠.

초고령 사회에서 우리 모두가 은퇴 후 삶을 걱정하지 않을 수 없게 됐습니다. 젊었을 때 미리 넉넉한 노후 비용을 마련해야 하는 거예요. 그런데 이것을 사회적 차원에서 보장하지 못하니까 개인적 차원에서 해결하려고 해요. '각자도생' 시대이기 때문입니다. 개인 투자는 리스크가 큽니다. 아무리 개인이 전문적인 지식을 쌓았다 해도 안정적인 수익을 내기에는 시장 변동성이 너무 크고, 금융회사나 주식회사 같은 큰 손이 작동하는 도박과도 같은 시장에서 돈을 벌기가 어렵습니다. 해외 주식이나 코인 같은 것은 변동성이 더 큽니다. 이걸 개인이 오롯이 책임진다는 건 무척 어려운 일이죠.

이런 문제를 사회적으로 해결할 수 있을까요? 길이 없는 건 아닙니다. 고용 안정성을 확보하고, 사회 안전망을 확충하는 여러 제도들, 왜곡된 부동산 시장을 바로잡는 노력을 계속해야지요. 새 정부에게 기대해도 좋을지 모르겠습니다만, 구조와 문화를 바꾸지 않으면 안 될 거 같습니다.

베푸는 삶은 가능한가

'자기 책임'과 '무한 경쟁'이 진리인 양 선전하며 각자도생의 시대를 강요하는 일부 언론과 사회 분위기도 있고요. (나쁜 의미의) 능력주의와 '공정' 외에 다른 윤리를 알지 못하는 사람들의 각종 커뮤니티 게시판이나 SNS에는 지금도 한몫 잡는 재테크 법과 '성공법'이 넘쳐납니다.

고위 공직자 등 성공한 '지도층'이 보여주는 모습도 지적해야 할 문제입니다. 그래서 청년들에게 웬만한 '옳은' 이야기는 먹히지 않습니다. 실제로 언론에 보도되는 공직자 재산 공개 내용을 보면 할 말이 없어요. 권력을 이용한 부동산 투자, 내부 정보를 이용한 주식 거래, 불법적 청탁 거래 등이 만연하죠. 자녀의 강남 학군 진학을 위한 위장 전입 같은 건 애교에 불과합니다.

국회의원은 물론이고 수많은 판검사, 고위 관료들이 합법과 비합법을 오가는 재테크로 상당한 재산을 모읍니다. 이런 사람들이 출세하는 사회에서 어떻게 청년들에게 성실한 노동을 요구할 수 있겠어요. 안정된 월급을 받는 중산층인 저 같은 사람도 가끔 박탈감을 느낍니다.

그리고 궁금해집니다. 저 사람은 내 나이랑 비슷한데 공무원이 어떻게 저런 거액의 재산을 축적할 수 있었지? 어떻게 저 사람 아이는 미성년자인데도 재산이 수억 원이나 되지?

사람들이 어떻게 부를 축적하고 인생을 사는지 궁금하지 않습니까? 요즘 존경받는 문형배 재판관의 경우를 예를 들어 볼게요. 2019년 인사청문회 때 이야기입니다. 헌법재판관 재산이 평균 20억 원쯤 된다는데, 그때 문형배 재판관은 재산이 평균에 한참 못 미치는 6억 원가량이었습니다. 27년간 법관을 했는데 너무 적은 거 아니냐는 물음에 이렇게 답했습니다.

"제가 결혼할 때 다짐한 게 있습니다. 평균인의 삶에서 벗어나지 않아야 하겠다고 생각했습니다. 최근 통계를 봤는데 우리나라 가구당 평균 자산이 한 3억 남짓 되는 것으로 알고 있습니다. 제 재산은 4억 조금 됩니다.”

그분 아버지 재산을 포함해서 그나마 6억 7000만 원이었던 겁니다. 이분은 공직을 돈벌이 수단으로 삼아서는 안 된다는 양심을 갖고 계셨던 거예요.

여러 가지 재밌고도 어려운 의문이 떠오릅니다. 문 재판관은 왜 재산이 평균인의 삶에서 벗어나지 않아야 되겠다고 생각했을까요? 모든 계층의 문제를 공정하게 다루고 판단해야 하는 재판관이라면, ‘평균인’의 눈으로 세상을 보아야 하기 때문에? 그런데 왜 ‘평균’일까요? 더 가난하고 힘없는 사람이 아니고? 그야말로 그의 흥미롭고도 훌륭한 직업윤리를 드러내는 태도라 할 수 있는데, 그러면 여러분들은 어떠신지요?

KB금융지주 경영연구소가 『2024년 한국 부자 보고서』를 냈는데요. 여기서 말하는 한국의 부자는 46만 명이었어요. 전체 인구의 0.9%에 해당하는데, 그 기준이 ‘금융 자산 10억 이상을 보유한 개인’이랍니다. 금융 자산은 부동산 말고 주식이나 예금 같은 겁니다.

작년에 〈어른 김장하〉라는 다큐멘터리가 크게 화제가 된 적이 있습니다. 김장하 선생님은 경남 진주에서 한약방을 운영하시면서 큰돈을 벌고 기부를 엄청 많이 하셨어요. 가난한 젊은이들에게 장학금도 주고 여러 단체에 필요한 돈을 주면서 사셨습니다. 그중 한 사람이 앞서 말씀드린 문형배 헌법재판관이었어요. 그래서 김장하 선생은 '어른'이라는 별칭을 얻고 모두에게 존경을 받습니다.

사람들이 특별히 김장하 선생의 기부에 왜 감동을 받는 걸까요? 두 가지 이유가 있는 거 같습니다.

하나는 적극적으로 선을 행하는 마음, 조건 없이 베풀 수 있는 '능력' 때문인 듯합니다. 이런 능력은 오늘날 아무나 가질 수 있는 게 아닙니다. 같은 조건에서 돈을 굴리고 자산을 축적하기만 하는 사람들이 훨씬 많으니까요. 평균적으로 그렇습니다. 그런데 이를 단지 '욕심' 때문이라고 말하기 어렵습니다. 그것은 돈의 기본적 속성이에요. 그래서 '부자'들에게는 기본적으로 어떤 두려움 같은 게 있는 듯합니다. 그러니 선뜻 남에게 도움을 줄 수 있다는 것은 단지 돈의 규모가 아니라 마음의 능력이겠지요.

그런 점에서 그분이 존경받는 다른 하나의 이유는 아마도 그분의 품성과 태도 때문이 아니었나 싶습니다. "오른손이 하는 일을 왼손이 모르게 하라"는 말처럼 조용히 필요한 일을 했습니다. 언론이 찾아와도 만나주지 않습니다. 생색낼 일이 아니라는 거예요. 작은 일 하나도 자기 홍보 수단으로 삼은 요즘 같은 시대에 감동이 아닐 수 없죠. 요컨대 부자가 어떤 존재여야 하는지를 김장하 선생님은 보여줍니다. 그리고 그의 제자 문형배 전 헌법재판관도 뭔가 비슷하지만 다른 답을 말해주는 거 같습니다.

자유는 돈으로 살 수 없다

결론을 내봐야겠네요. 금융 자본주의 사회에서 나를 지키기 위해서라도 경제를 알아야 한다는 말에는 누구나 동의할 거 같습니다. 그렇다면 우리는 과연 재테크를 해야 할까요? 무엇으로 어떻게 해야 할까요? 주식을 사야 할까요? 투자를 선善이라 생각하는 경우도 많은 거 같습니다. 저도 답을 잘 모르겠습니다. 열심히 일하는 것이 미덕이라 하지만 그 일이 '좋은 일'이어야 한다는 근본적 조건을 충족해야겠죠.

모건 하우절Morgan Housel이라는 경제 저널리스트가 쓴 『돈의 심리학The Psychology of Money』이라는 책이 있습니다. 전 세계적인 베스트셀러인데 최근에 나온 판의 뒷부분에 보면 아이들에게 당부하는 말이 부록으로 실려 있어요. 그중에 좋은 말이 있더라고요.

예컨대 연봉 5000만 원을 받지만 4000만 원만 받아도 행복한 사람은 연봉 2억 원을 벌면서 2억 5000만 원이 있어야 행복한 사람보다 더 부자다. 열심히 노력하는 것의 가치와 그 보상을 믿었으면 좋겠다. 그러나 모든 성공이 노력의 결실도 아니고, 모든 가난이 게으름의 결과도 아님을 깨닫기를 바란다. 너 자신을 포함해 누군가를 판단할 때는 이 점을 반드시 기억하라 등등.

경제 유튜브나 SNS에 떠도는 말들로 마음의 불안을 키우면서 재테크에 몰입하는 시대에 이런 말은 한 번쯤 귀 기울여볼 만하다고 생각합니다. 우리가 당장 오늘날 금융 자본주의의 흐름을 바꾸기는 어려울 겁니다. 그러나 이런 당연한 가치를 배우고 실천할 수 있다면 살기가 조금은 나아지지 않을까요?

왜 돈을 벌어야 하는가?

처음에 했던 말을 반복할 수밖에 없네요. 좋은 삶을 살기 위해서다, 돈 때문에 타인을 헤치거나 또 타인으로부터 괄시를 받지 않기 위해서다, 돈으로 명품이나 비싼 아파트를 사기 위해서가 아니라, 진정 자유롭고 평등한 삶을 누리기 위한 수단으로 돈을 버는 거다, 라고요.

4장

인권이 밥 먹여주나?

김종철

김종철

연세대학교 법학전문대학원 교수로 헌법을 연구하고 가르치는 한편, 헌법을 통한 시민교육이나 인권교육, 사회개혁 등 사회 발전에도 기여하기 위해 노력하고 있다. 함께 쓴 책으로 『인공지능과 법』, 『법학입문』 등이 있다.

　헌법은 국민 기본권과 정치제도 등을 규정하는 한 나라의 최고 기본법입니다. 우스갯소리로 '새 법'이 아닌 '헌 법'이라는 말로 헌법을 비꼬는 분들이 있습니다. 오래된 법이라는 거예요. 그래서 이제는 바꿀 때가 되었다고 합니다. 시대의 변화를 따라가지 못한다는 취지에서 하시는 말씀인데요. 저는 그런 주장에 개인적으로 반대하는 입장입니다. 헌법은 오래된 것일수록 좋다고 생각하기 때문입니다.

'새 법'보다 '헌 법'이 나을 수도 있다

미국 헌법은 세계에서 가장 오래된 성문 헌법입니다. 1789년에 발효되어 지금까지 이어오고 있어요. 그런데 미국은 헌법 개정 논의가 우리처럼 주기적으로 반복해서 제기되지는 않습니다. 그렇다고 제가 우리 헌법이 고정불변 상태로 계속 가야 한다고 주장하는 것은 아니에요. 오늘날 미국 헌법도 27개의 증보된, 그러니까 수정돼서 추가된 조항이 있습니다. 엄밀히 말하면 바뀐 부분들이 있는 것이죠. 다만 개정 횟수는 많지 않았어요. 한꺼번에 10개씩, 3개씩 수정했기 때문입니다. 또 가장 마지막에 증보된 제27조는 1789년 발의되어 비준 요건을 최종적으로 충족한 게 1992년입니다. 그러니까 발의부터 헌법이 되기까지 무려 200년이 넘게 걸린 것으로 유명할 정도로 개정이 매우 어려운 헌법이 바로 미국 연방헌법입니다.

우리 헌법은 1948년에 제정되었고 지금까지 아홉 차례 바뀌었습니다. 지금 헌법은 1987년 6월 민주항쟁에 의해서 만들어졌습니다. 1988년부터 시행되었으니 40년을 목전에 두고 있는 셈입니다. 230년이 넘은 미국에 비하면 '헌 법'이 아니라 '새 법'에 가깝죠. 그래서 헌법에 시대의 변화를 반영해

1987년 6월 민주항쟁 당시 시민들의 모습.

야 하니까 자꾸 바꿔야 한다는 주장에 저는 동의하기가 어렵습니다.

이제 본격적으로 헌법의 의미를 한번 살펴볼까요. 한자로 풀면 헌법의 '헌憲'에는 법, 모범, 으뜸이라는 뜻이 있습니다. 어문적으로 단순화해서 '모범이 되는 법'이나 '최고의 법'이라고 해석해도 무방할 겁니다. 이 말은 한자漢字이긴 하지만 사실 서양의 개념인 'constitution'을 번역해서 쓰고 있는 거지요. 우리나라뿐 아니라 일본, 중국 등 동아시아에서 사용합니다.

모두가 알고 있는 바와 같이 헌법은 법체계상 최상위 법입니다. 보통 한 나라의 최고법을 일컬어요. 또한 내용적으로는 국가 공동체뿐만 아니라 사회 공동체의 질서를 형성한다는 점에서 헌법은 모든 법체계의 기본법이라고 할 수 있습니다.

오늘의 주제인 헌법과 경제 생활에 관해 말씀을 드리려면 먼저 '국가'에 대한 개념을 정립해두어야 합니다. 국가라는 게 뭘까요? 실체가 있습니까? 국가는 눈에 보이지도 잡히지도 않아요. 그렇다고 해도 국가가 존재하지 않는다고 말하는 사람은 없을 겁니다. 그런데 자연적인 관점, 존재론적인 관점에서 보면 국가는 우리의 관념 속에 있을 뿐이에요. 그동안 우리는 국가가 엄청난 힘을 발휘하는 존재처럼 교육받았고 그게 꼭 틀린 말은 아니지만, 그 실상은 어떤 명확한 실체가 있는 것이라기보다는 우리의 관념 속에 있을 뿐입니다. 물론 다양한 관점에서 검토되어야 하겠지만, 저는 헌법 생활이 인간 중심적인 관점에서 출발해야 한다는 차원에서 이런 말씀을 드리는 것입니다.

국가 중심적 사고를 하시는 분에게는 불편한 이야기일 수 있습니다만, 인권, 즉 인간의 권리를 이야기하려면 국가 역시 인간 사고의 산물이라는 측면에서 접근해야 한다고 생각해요. 국가는 인간이 만든 체제입니다. 이런 논리를 따라가다 보면 '대한민국'이라는 나라가 절대적으로 영원불멸한 게 아니라는 결론에 도달합니다. 이는 역사적, 경험적 사실과도 일치해요. 대한민국 이전에 대한제국도 있었고, 그전에 조선이 있었습니다. 한반도에 존재해온 여러 형태의 나라처럼 현재의 국가도 그중 하나입니다. 결국 인간이 먼저고 국가는 그다음이라는 사실을 알 수 있습니다. 그러나 이는 국가의 존재 의미가 가벼워진다는 뜻이 결코 아닙니다. 오히려 역사를 보면 국가 없는 개인의 삶이 얼마나 열악했는지를 확인할 수 있어요.

헌법은 국가와 운명을 함께합니다. 헌법을 제정하는 이유, 궁극적으로 우리가 대한민국이라는 국가 공동체를 건립한 이유는 헌법 전문에서 선언하고 있듯이 "우리들과 우리들의 자손의 안전과 자유와 행복을 영원히 확보"하기 위해서예요. 헌법 전문을 읽어보면 국가 존립 목적도 거기에 있음을 알 수 있습니다. 다소 거칠게 요약하자면 사람이 먼저 있었고, 그 다음에 헌법이 생겼고 이를 통해 국가라는 체제가 형성된다는 뜻입니다. 결국 국가는 헌법이라는 사유 체계에 의해 만들어지고, 유지됩니다.

국가는 헌법에 의해 그 법적인 의미를 획득하게 되는 공동체입니다. 또한 헌법은 공동체인 국가가 작동하도록 권력을 창설하고 우리의 생활을 안전하고, 자유로우며 또 행복하게 만들기 위한 지배 작용, 즉 전통적으로 '통치'라고 불리는 정치 작용을 뒷받침합니다. 이러한 지배, 혹은 통치라는 정치 작용의 주체 또한 국가라고 부르는데 이때의 국가는 권력으로서의 국가, 즉 국가권력을 의미합니다. 국가권력으로서의 국가가 작용하는, 즉 권력 작용이 이루어지는 영역을 편의상 '국가'라고 부르기도 합니다.

한편 국가와 구별되는 개념으로 '사회'가 있습니다. 권력적이고 정치적인 것과 구별되어서 우리의 일상을 이루는 것, 즉 사람들이 모여서 먹고, 마시고, 놀고, 공부하고, 일하고, 서로 교류하며 하루하루의 삶을 꾸려가는 공동체에서의 생활이 이루어지는 공간입니다. 일반적으로 국가는 권력 행위가 이루어지는 영역, 거기에 중요한 법적인 주체성을 부여하는 단위인 조직체 혹은 기관 등을 통칭하고, 그 이외의 영역을 사회라고 합니다. 그러니까 우리 일상의 주요 부분은 사회생활이 되는 거고 또 다른 한쪽은 국가라는 틀 안에 속하는 겁니다. 다만, 그 경계가 분명하지는 않아요. 국가가 넓은 의미의 사회 혹은 공동체에 속할 수도 있고, 우리가 개념을 어떻게 정의하느냐에 따라서 그 관계가 달라집니다. 예를 들어 우리는 일상적으로 정치 행위를 합니다. 정치적인 표현을 하고, 정책을 논해요. 국회에서 어떤 법을 만들고 대통령이 여기에 거부권을 행사하는지 등에 관해 찬반이 나뉩니다. 이처럼 국가와 상호연계되거나 혹은 중첩되는 사회 영역이 있어요. 헌법이 작용하는 공간도 마찬가지입니다.

사회라고 하는 공동체, 즉 사회 공동체의 중요한 특징 중 하나가 공동생활입니다. 여럿이 함께 지내야 해요. 그래서 다양한 충돌이 발생했을 때 이를 어떻게 조정할 것인가가 중요해집니다. 우리는 사회라는 공동체 안에서 삶에 필요한 여러 재화와 서비스를 생산하고 유통하는 경제 영역에서 생계를 이어가는 경제생활을 합니다. 또 삶에 활기를 불어넣기 위한 다양한 문화생활도 합니다. 오늘날 이러한 공동체 생활을 유지하는 기준은 힘의 논리가 아닌, 인간의 존엄과 가치, 즉 인권입니다. 그래야 최소한의 인간다운 삶을 유지하고 창조적이고 예술적인 활동을 통해 우리 인격을 풍성하게 하면서 행복하게 살아갈 수 있어요.

인권의 뿌리는 자연권입니다. 이는 국가나 헌법 같은 인위적인 작용이 없는 자연적인 상태에서 나오는 것입니다. 천부인권天賦人權이라고 해서, 인간이라면 누구나 인간이라는 이유만으로 태어나서 인정을 받습니다. 이러한 자연권의 개념은 과거 계몽주의 시대의 인권 개념입니다. 자연권이 현대적 인권의 기원이자 본질이 된다는 점에서 여전히 너무나 소중한 인식이자 관념입니다. 그러나 자연권은 다른 한편으로 굉장히 불안정한 측면이 있었습니다. 왜일까요?

자연적으로 누구나 다 그런 권리를 가지고 있다면 공동생활에서는 피할 수 없는 이들 간의 갈등을 어떻게 해결할 수 있을까요? 정치·경제·사회·문화, 모든 생활에서 어떠한 차별도 없이 모두가 동등한 권력을 가진다면, 이해관계가 충돌했을 때 어떻게 해야 할까요? 누군가가 조정을 해야 하지 않겠어요?

예를 들어서 누군가 "식민지 시대 우리 국민들 국적은 일본이야. 대한민국은 없어." 이런 주장을 합니다. 또는 이유 없이 혐오 발언을 해서 상대를 불쾌하게 하기도 합니다. 그러고는 사상의 자유나 표현의 자유를 외친다면 그 이야기를 듣는 사람의 인권은 무시당할 수 있는 거잖아요. 이러한 갈등을 해소하지 않으면 분쟁이 생기고 결국은 한 공동체가 흔들리게 됩니다. 자연 상태에서 얻어진 권리, 즉 자연권 개념의 한계가 바로 여기에 있어요. 우리가 공동체를 유지하려면 상호 권리의 합리적 조정이 필요해요. 합리적인 범위 내에서 인권이 제한되어야 할 필요성이 생깁니다. 여기서 자연권을 제한할 주체와 기준이 필요해지고 바로 국가와 헌법이 그 역할을 맡게 됩니다. 인권을 합리적인, 정합적인 상태로 만들기 위해 국가가 등장해요. 그러면서 인권의 개념이 바뀝니다. 하늘에서 떨어지는 게 아니라 우리 스스로 만드는 게 됩니다.

그래서 오늘날 인권은 인간의 기본적 권리로 헌법에 따라 국가가 확인하고 보장하는 권리로 전환될 때 그 구조적 불안정성에서 벗어날 수 있습니다. 그리고 이러한 기본권으로서의 인권은 국가가 작용하는 정치 과정을 통해 확인받고 보장되는 체계를 가지게 되기 때문에 자연적 성격을 넘어 정치 관련성을 가지는 권리예요. 이런 관계를 규정한 게 바로 헌법이고요. 그만큼 헌법은 인권 보장에 중추적인 역할을 한다고 하겠습니다.

우리 헌법이 말하는 '자유시장경제'

우리 헌법은 1948년 이후에 아홉 번 개정되어 현재는 제9차 개정 헌법입니다. 전문, 본문, 부칙, 이렇게 세 부분으로 나뉘어 있어요. 전문은 어떤 목적으로, 누가, 어떻게, 어떤 절차를 거쳐서 만들었는지를 밝히고 있어요. 본문은 인권을 보장하기 위해 국가 권력이 어떻게 작동되어야 하는지를 밝히고 있습니다. 예컨대, 우리 헌법 제10조는 이렇게 쓰여 있어요.

"모든 국민은 인간으로서의 존엄과 가치를 가지며, 행복을 추구할 권리를 가진다. 국가는 개인이 가지는 불가침의 기본적 인권을 확인하고 이를 보장할 의무를 진다."

국가는 침해할 수 없는 기본적 인권, 즉 자연권을 보장할 의무가 있습니다.

헌법의 구체적인 내용들이 총 10개의 장과 130개의 조문으로 구성되어 있습니다. 부칙에서 시행일이나 기존 법의 효력 등 새로운 헌법 시행에 필요한 사항 등을 담고 있습니다.

우리 헌법 전문에는 "자율과 조화를 바탕으로 자유민주적 기본 질서를 더욱 확고히 하여 정치·경제·사회·문화의 모든 영역에 있어서 각인의 기회를 균등히 하고 능력을 최고도로 발휘하게 하며, 자유와 권리에 따르는 책임과 의무를 완수하게 하여”라는 표현도 나와요. 우리 생활 영역을 정치, 경제, 사회, 문화, 이렇게 네 가지로 구분하고 있어요. 그렇다면 “각인의 기회를 균등히 하고”는 무슨 뜻일까요? 평등권입니다. 차별 없이 평등하게 대우받을 권리예요. “능력을 최고도로 발휘하게 하며”라는 건 주체성을 전제로 하는 거예요.

모두가 평등하고, 차별이 없고 각자의 능력을 최고도로 발휘할 수 있으려면 각자의 인권을 존중하는 질서가 필요합니다. 그래서 ‘책임과 의무’가 요구되는 겁니다. 여기서도 알 수 있듯이 인권은 권리와 의무가 함께 갈 수밖에 없어요. 이를 합리적으로 실현하고자 국가를 만든 것입니다. 이때의 국가란 민주공화국, 즉 민주적인 국가입니다. 그렇지 않은 국가들, 예컨대 개인의 불가침적 인권을 인정하지 않는 나라는 여기에 해당하지 않아요. 현실적으로 국가가 먼저고 개인을 부속물로 여기는 전체주의 국가가 있습니다만, 우리 헌법에서 말하는 국가는 아닙니다. 우리 헌법에는 이념 지향성 혹은 가치 지향성이 있어요. 그 가치의 핵심은 인권과 민주주의입니다. 그래서 국가 권력의 최정점에 국민이 있게 되는 거예요. 국민이 대표를 뽑고, 그 대표가 국가 권력을 사용해 인권을 보장합니다. 이것이 바로 민주적 지배예요. 이러한 통치적 과정은 말이 아닌 법에 의해서 이루어집니다. 법치주의, 즉 법의 지배라고 하는 것이죠. 또 하나 민주주의 국가의 특징은 권력의 분립입니다. 권력을 쪼개서 이들끼리 서로 견제하게 해요.

우리 헌법에는 오늘 말씀드릴 주제인 '경제생활'과 관련한 내용도 상당히 많습니다. 모두 우리 일상과 깊은 관련이 있는 조항들이에요. 헌법이 인권을 보장하는 내용이라는 말씀을 드리면 간혹 "인권이 밥 먹여주나?"라고 시니컬하게 반문하는 분들이 있습니다. 제가 드리는 답은 "맞아요! 당연히 그렇습니다"입니다. '밥'은 인간 생존의 기본 조건이에요. 인간이 아무리 많은 활동을 해도 어쨌든 밥은 먹고 살아야 해요. 그런데 이 '밥'이 어디에서 나옵니까? 바로 경제 활동이죠. 경제 활동 자체도 신체의 자유나 표현의 자유 등 시민적 자유에 토대해서 경제 영역에서 인권을 향유하는 과정에서 형성됩니다. 우리 헌법은 개인이 가지는 기본적 인권을 보장하기 위해 국가가 경제 활동에 어떻게 어느 정도까지 개입할 수 있고 또 해야 하는지 밝히고 있습니다. 그러니 헌법이나 인권을 잘 이해하고 실천하면 경제 활동에도 유익하고 우리 공동체에도 도움이 될 수 있으니 따지고 보면 인권이나 헌법이 밥 먹여주는 셈이라고 할 수 있지요.

앞서 언급한 헌법 전문에 경제 영역이라는 말이 등장하는

데 이는 우리 삶을 유지해나갈 수 있게 하는 재화와 서비스를 생산, 유통, 분배하는 영역 혹은 체계를 의미합니다. 현행 헌법 제9장이 이 부분을 중점적으로 다루고 있어요. 제119조부터 제127조까지인데, 그 제목이 '경제'입니다.

첫 번째 조항인 제119조 제1항을 보겠습니다. "대한민국의 경제 질서는 개인과 기업의 경제상의 자유와 창의를 존중함을 기본으로 한다."

현대 시장경제체제를 설명하는 부분이에요. 개인과 기업이 아닌 제3의 주체가 경제 질서를 정하는 체제는 계획경제겠죠. 중세 봉건경제체제는 신분과 토지 중심이었을 테니 개인의 자유와 창의가 반영되기는 어려웠을 겁니다. 따라서 우리 헌법이 말하는 경제 질서란 근대 이후 자본주의적 시장경제를 말한다고 할 수 있어요. 여기에는 자본과 함께 창의적인 노동이 전제되어 있습니다. 요약하면 우리 헌법상의 경제생활은 자유시장경제와 인간의 존엄에 기초한 노동이 중요한 축을 이룬다는 것입니다.

이어 제2항에서는 "국가는 균형 있는 국민 경제의 성장 및 안정과 적정한 소득의 분배를 유지하고, 시장의 지배와 경제력의 남용을 방지하며, 경제 주체 간의 조화를 통한 경제의 민주화를 위하여 경제에 관한 규제와 조정을 할 수 있다"고 규정함으로써 경제 민주화에 관한 원칙을 밝히고 있어요. 자본의 독과점을 방지하고자 하는 것입니다. 그러지 않으면 자본이 시장 지배력을 행사하면서 시장을 어지럽힐 수 있습니다. 돈 많은 기업은 출혈 경쟁을 해도 얼마든 버틸 수 있어요. 그렇게 해서 일단 시장을 차지하면 가격을 올리거나 하면서 수익을 과다하게 추구할 수 있습니다. 원래 수평적이어야 할 경제 주체 간의 관계는 자본주의 사회에서 자본의 크기에 따라 수직적일 수밖에 없어요. 이런 맹점을 짚어주는 겁니다.

따라서 우리나라 자본주의는 시장경제에 따르지만 자본의 오남용이 과다하지 않도록 민주적인 방식으로 운영되어야 함을 헌법이 규정한 겁니다. 쉽게 말해서 돈이 공동체를 마음대로 지배하지 못하게끔 헌법이 안전장치를 두고 있는 거예요. 국가가 개입해서 자유롭지만 충분히 공정한 환경 속에서 개인과 기업의 창의가 발동되도록 하자는 것이 우리 헌법의 취지입니다. 국가가 이러한 공정성을 담보하지 못하면 경제가 어떻게 될까요? 바로 약육강식의 전쟁터처럼 되어버리겠지요. 그래서 우리 모두가 개인의 행복에 따라 인간다운 삶을 살수 있도록, 일한 만큼 정당한 대가를 받고, 혼자 경제적 성취를 독식하지 않고 서로 연대하면서 더불어서 경제적 풍요를 누리려고 이러한 법과 질서를 만든 겁니다. 그게 바로 국가의 존재 이유입니다. 예를 들어 안전하지 않은 근로 환경이나 불공정 노동 행위를 국가가 방임한다면 우리가 세금을 굳이 낼 필요가 없죠.

그런데 우리가 이런 부분을 잘 모르고 있어요. 시장경제에서 자유만 강조하지 경제 민주주의나 인권에 관한 내용은 너무 무시해요. 인권의 보장 체계를 마련한 헌법을 조금이라도 아는 사람이라면 그런 걸 용납할 수 없어요. 우리 헌법 정신은 경제상의 자유와 창의의 중요성을 강조하지만 이를 인권보다 우위에 두지 않습니다. 오히려 경제 활동을 우리들의 생존과 인간다운 삶을 영위하기 위한 수단으로 보고 있어요.

국제 질서 변화와 경제적 선택의 문제

다음으로 경제생활 관련해서 드릴 말씀이 바로 국제 경제 체제의 변화입니다. 최근까지 우리나라가 속한 국제 자본주의 기본 질서는 자유시장경제를 중심으로 하고 있었습니다. 국경 없이 자유롭게 경쟁하고 무역하는 게 최선이라는 체제였지요. 이 체제의 상징은 국제 무역의 자유롭고 공정한 질서를 관장하는 세계무역기구WTO였고, 수출 의존도가 높은 무

역 중심 경제체제를 가진 우리나라는 기를 쓰고 자유무역협
정FTA을 확대하려 애를 썼지요. 그러다 이제 국제 경제체제
는 다시 무역 장벽이 세워지면서 블록화되고 있어요. 당장 미
국만 해도 트럼프 행정부가 각종 관세를 통해 인위적인 무역
수지 개선 조치를 취하고 있습니다. 이러한 내용들이 우리 삶
에 직접적으로 영향을 미칩니다. 자유무역협정이 의미가 없
어지면서 국민경제의 주축인 무역에 큰 장벽이 생기고 경제
에 주름이 지겠지요. 그래서 우리가 인간다운 삶을 살려면 이
러한 경제 현안에 적극적으로 대처할 수 있어야 해요. 경제적
위기가 발생하면 많은 사람이 고통을 겪습니다. 지난 글로벌
금융 위기가 그랬고 코로나19 팬데믹 사태가 그랬어요. 우리
경제는 세계 경제의 변동에 큰 영향을 받습니다. 이럴 때 중
요한 것이 국가의 대응입니다.

코로나19 때 정부에서 민생 지원금을 나누어주었습니다.
왜 그랬을까요? 소비를 진작해서 경기를 활성화하려고 했던
겁니다. 우리나라만 그랬던 건 아니에요. 미국을 비롯해서 세
계 여러 나라가 그런 조처를 했습니다. 그런데 그때 소위 자
유 경쟁을 강조하면서 민생 지원금을 반대하는 목소리가 있
었어요. 같은 취지에서 경제 성장만을 중시하면서 무상 교육
이나 복지 정책 같은 인위적인 지원을 경제에 악영향을 끼치

는 요인이라고 주장합니다. 이러한 목소리는 오래전부터 우리 사회에 만연해 있었어요. 이른바 성장 제일주의입니다. 여러분도 많이 들어보았을 거예요. "지금은 분배를 이야기할 때가 아니다. 파이를 늘려야 한다." 한동안 분배냐 성장이냐 하는 논쟁이 있었습니다. 이는 한 나라의 경제 정책과 밀접한 관련이 있습니다. 성장을 중시하는 나라는 소득 재분배나 복지보다는 경쟁력 강화를 우선합니다. 그러다 보면 빈부 격차가 심해지고 인권의 사각지대가 생겨요. 전체적으로 인권 보장 수준이 낮아집니다.

자본주의의 세계화는 또한 선택의 문제를 불러옵니다. 우리가 자유무역협정 같은 국제 협정을 맺을 때 산업별 득실이 생겨요. 예를 들어 관세 협약 때 농축산물 수입을 개방하는 대가로 자동차나 반도체 등 주력 산업 조건을 유리하게 할 수 있습니다. 그러면 수출은 늘겠지만, 농민 등 관련 산업 종사자는 손해를 볼 수밖에 없어요. 실제로 수입 농산물 때문에 큰 손해를 보고 농사일을 접은 사례가 언론에 많이 보도되었죠. 이처럼 무역 협상의 결과는 경제 활동의 조건과 인권에 직결되기 때문에 늘 신중해야 합니다.

최근에는 기후 위기도 큰 변수가 되었죠. 기업 경영에서 친환경 정책이 중요한 이슈로 떠올랐습니다. 그도 그럴 것이 유럽 같은 데는 탄소를 많이 배출하는 기업이 만든 제품은 아예 수입을 안 하겠다고 하고 있으니까요. 이와 관련해서 요즘 ESG가 중요한 화두가 되었어요. 환경environmental, 사회social, 지배 구조governance의 약자로 미래 경영에서 이 부분이 중요한 가치가 되었음을 의미합니다. 여기서 S, 즉 '사회'란 기업이 이윤 추구뿐만이 아니라 공동체의 유지와 발전에도 기여해야 함을 뜻해요. 예전처럼 공해를 유발하고 지역 사회에 피해를 끼치면서 수익을 늘리는 기업 활동은 더 이상 유효하지 않습니다. 도덕적 비난뿐만 아니라 각종 법률적 불이익을 감수해야 해요. 기업의 지배 구조에도 공정한 가치와 기업의 사회적 책임이라는 기준이 따라붙습니다. 무엇보다도 ESG 경영에서는 인권을 보호하고 존중하는 '사회' 부분이 필수적입니다. 인권을 제대로 보장하면서 기업 활동을 하는지 여부가 미래 경영 환경에서 중요해진 것입니다.

우리나라 상법이나 자본시장법 등은 '사외 이사제'의 법적 근거와 자격 등을 규정하고 있는데요. 이는 외부 인사를 통해 기업의 투명한 경영을 유도하려는 노력입니다. 간혹 이러한 조치들이 자유시장경제에 안 맞는다고 비판하시는 분들이 있는데요. 이는 현실을 모르는 이야기입니다. 지금 우리나라뿐만이 아니라 미국 같은 데도 민주적인 기업 운영을 위한 여러 제도를 시행하고 있어요. 자본이 경제생활의 기본 질서를 훼손하지 않도록 하는 일종의 안전장치입니다. 예컨대 미국의 기업가들은 거액을 기부하는 걸로 유명합니다. 보통은 인간적으로 훌륭해서 그런다고 생각들 하고 그런 경우도 없지 않지만, 사실 명예는 물론 다양한 경제적 편익을 제공하는 법이나 사회제도의 유인 효과에 의해서 이루어진 측면이 적지 않아요. 우리도 기부하면 세제 혜택을 주잖아요.

다음으로 사회적으로 논란이 있었던 경제 정책들을 우리 헌법 정신에 입각해서 다루어보고자 합니다. 먼저 부동산 분야입니다. 우리나라는 재건축이익환수법이라는 법률을 제정하여 부동산 거래로 발생하는 초과 이익을 환수하는 제도를 실시하고 있습니다. 쉽게 말하면 재건축으로 얻는 초과 이익을 나라에서 일부 환수하는 거예요. 2006년께 제정되었으나 한동안 유예되었다가 2018년 다시 시행되었습니다. 그런데 이게 늘 논란인 게 공산주의와 뭐가 다르냐는 식으로 반발을 하는 겁니다. 내가 내 부동산으로 이익을 보는데 왜 나라에서 뺏어가느냐는 거죠. 그런데 이는 헌법을 잘 모르고 하는 말일 뿐입니다. 오히려 이런 인식이야말로 헌법 정신에 반하는 것입니다. 전형적으로 나만 잘 먹고 잘살면 된다는 식인데 우리 헌법은 그런 경제적 이기주의를 자유의 이름으로 방임하지 않습니다. 앞서 언급한 것처럼 자유로운 경제 질서를 어지럽혀서 공공복리를 해치는 이기적 방종을 국가가 규제하도록 헌법이 허용하고 있습니다.

잘 아시다시피 우리나라 경제는 그 규모에 비해 부동산 쪽으로 자본이 너무 많이 쏠려 있습니다. 제가 경제학자는 아니지만 이런 상황은 국민경제에 매우 좋지 않다는 것을 상식적으로 알 수 있지요. 부동산 자체는 실질적으로 새로운 가치를 만들어내지 않으니까요. 부가가치를 창출할 수 있는 산업에 돈이 돌아서 생산도 하고 소비를 하면서 순환이 되어야 하는데, 땅과 아파트에 돈이 묶여 있으니 성장이 둔화되는 것은 물론, 사람들이 인간다운 생활에 쓸 돈이 없어지는 겁니다. 이걸 막고자 여러 조치들을 취하고 있는 거예요. 게다가 부동산 이익 환수는 무조건 뺏어가는 게 아니고 이익이 있을 때만, 그것도 과도한 초과 이익만 환수하는 거지요. 여러분들, 직장에서 월급 받거나 장사해서 이익을 내면 소득세 내잖아요. 그런데 아파트 재건축으로 벌어들인 돈은 아무런 환수 조치나 관련한 세금이 없다면 형평에 어긋나잖아요.

누구는 가만히 앉아서 아파트 거래만으로 돈을 버는데 국가가 가만히 두고, 누구는 열심히 일해서 월급을 받으며 꼬박꼬박 세금을 내는 게 과연 공정한 일일까요? 이게 우리 헌법이 말하는 공공복리에 적합한 재산권의 행사이거나 민주적인 경제 활동일까요? 물론 환수제에 관해서는 이중과세 논란이 없지는 않습니다. 하지만 세금이든 환수든 이익 있는 곳에 사회적 경비를 대가로 내는 것이 옳다는 원칙은 자유시장 경제를 추구하는 헌법적 상식에 속하지요. 많이 버는 사람은 그만큼 세금을 많이 내는 게 정상입니다. 다만 제도적 시비가 적도록 잘 설계하는 게 문제일 뿐이죠. 환수라는 방식 자체를 금기시할 수는 없습니다.

우리나라는 유독 부동산 관련 세금에 민감합니다. 재산세, 보유세, 증여세, 이런 것들을 마치 국가가 개인 사유 재산권을 침해하는 것처럼 받아들여요. 구체적인 세금이야 헌법과 법률에 위배되는지 살펴보아야 하지만, 그런 류의 세제 자체를 싸그리 부정하는 것은 국가의 존재 이유를 부정하는 것과 마찬가지입니다. 경제 질서의 토대 위에 경제생활로 이익을 받았으니 합리적인 범위 내에 그 기회비용을 부담하는 것은 당연하지 않겠습니까? 무엇보다 사유 재산이라는 것 자체가 어느 경우에도 규제할 수 없는, 신성불가침한 게 아니에요.

"국민 생활의 균등한 향상"은 국가의 의무

경제 활동의 산물인 재산권이 신성불가침한 것이 아니라는 점은 재산권의 보장을 규정한 제23조에 잘 나와 있습니다. 이 조항의 제1항은 "모든 국민의 재산권은 보장된다. 그 내용과 한계는 법률로 정한다"고 규정하고 있어요. 그런데 헌법이 규정한 기본적 인권의 목록 가운데 이 재산권에 관한 부분은 다른 기본권 규정 방식과 내용이 조금 달라요. 예컨대, 제15조는 "모든 국민은 직업 선택의 자유를 가진다", 이렇게 되어 있어요. 이 서술 형태가 좀 다르지 않아요?

또 제24조는 선거권에 관해 다음과 같이 말합니다. "모든 국민은 법률이 정하는 바에 의하여 선거권을 가진다." 이번에는 제32조 제1항을 볼까요. "모든 국민은 근로의 권리를 가진다." 모두 '가진다'고 되어 있는데 재산권만 '보장한다'고 표현하고 있습니다. 이건 다른 권리와 달리 자연적으로 생기는 게 아니라 법률로 보장함으로써 형성된다는 뜻으로 새길 수 있는 서술 형식입니다. 그러니까, 이 재산권 조항의 서술 방식과 내용은 우리 헌법이 채택하고 있는 자유시장경제와 동전의 양면 같은 것이고, 앞서 살펴본 제119조 제1항과 제2항의 관계와 비슷합니다. 경제상의 자유와 창의가 경제의 민주화라는 공정 경제 질서의 틀과 조화를 이루어야 하듯이 재산권 또한 공공복리와 조화를 이루도록 민주적 법률에 의해 그 내용과 한계가 정해지도록 하는 것이지요.

원래 재산권은 근대 시민혁명 이후 미국 헌법이 제정될 때 최고의 지위를 누리는 인권이었어요. 절대 제한받을 수 없는 기본권이었습니다. 그러다가 빈익빈 부익부 같은 자본주의의 폐단이 극심해지니까, 견제를 받기 시작합니다. 시민적 자유인 신체의 자유, 표현의 자유가 더 많이 주목받는 한편, 재산권에 관해서는 제한 필요성이 대두돼요. 그래서 표현의 자유, 신체의 자유와 같은 시민적 자유는 국가가 제한하면 일단 기본적 인권 침해로 추정됩니다. 국가가 그런 제한의 강력한 필요성을 증명할 때 예외적으로 허용되지요.

그런데 재산권이나 경제적 자유는 공공복리를 위해서 허용될 수 있다는 생각이 차츰 많아져요. 그래서 국가가 경제생활에 개입하는 것만으로 시민적 자유처럼 인권 침해로 강하게 추정되지 않고 오히려 공공복리를 위한 불가피한 조치로 추정됩니다. 오히려 개인이 그러한 제한이 헌법이 허용하는 국가 권력 행사의 한계를 불합리할 정도로 일탈한 것이라는 것을 충분히 입증할 때 그 침해를 인정받게 된다는 법리가 지지를 받게 됩니다. 오늘날에는 우리 헌법은 물론 세계의 많은 헌법에서 재산권 제한에 관한 규정을 두고 있습니다.

이런 역사적 흐름을 배경으로 재산권을 보장하는 우리 헌법 제23조를 좀더 자세히 들여다보겠습니다.

①모든 국민의 재산권은 보장된다. 그 내용과 한계는 법률로 정한다.

②재산권의 행사는 공공복리에 적합하도록 하여야 한다.

③공공필요에 의한 재산권의 수용·사용 또는 제한 및 그에 대한 보상은 법률로써 하되, 정당한 보상을 지급하여야 한다.

제2항에 재산권이 인정되더라도 공공복리에 적합하게 행사되어야 하는 특별한 헌법적 의무가 재산권을 가진 경제 주체에 부과되어 있어요. 재산권 행사와 관련하여 참고할 사례가 하나 있습니다. 2005년도에 제정된 '친일재산귀속법'에 따른 친일 반민족 행위자의 재산권 환수와 관련한 논쟁입니다. 우리 헌법 제13조 제2항을 보면 "모든 국민은 소급 입법에 의하여 참정권의 제한을 받거나 재산권을 박탈당하지 아니한다"라고 되어 있어요. 만약 자유시장경제에서 내가 자율

왜 우리는 돈에 지배당하는가?

적으로 합법적인 방법으로 축적한 재산을 누군가 함부로 가져갈 수 있다면, 재산권이라는 기본권이 보장되지 않는 거겠죠. 기본적인 경제상의 재산권을 침해받지 않도록 규정한 겁니다. 그런데 만약 축적 과정이 명백히 잘못되었다면, 민주적이고 공정한 경제 질서 원리에 위배된다면 어떻게 될까요?

친일 반민족 행위자의 재산은 우리 헌법이 추구하는 근본적인 공공 질서에 어긋나는 방식으로 취득한 재산이므로 소급 적용하여 환수할 수 있다는 게 해당 법의 취지입니다. 그러면 헌법 제13조 제2항과 배치될까요? 아닙니다. 2011년 우리나라 헌법재판소는 3·1운동의 정신을 담은 헌법 전문 등으로 미루어 친일 행위로 축적한 재산에 대한 환수는 헌법 이념에 부합한다고 판시합니다. 이것만 보아도 우리 헌법의 기본 원칙은 너무나 명확해요. 공정하지 않거나 부당한 재산은 사회적 환원이 원칙이라는 겁니다. 재산권은 신성불가침한 것이 아니라는 거지요. 재산권이 가진 성격이나 사회적 토대나 기능 등에 바탕해서 이 권리의 법적 위상을 인정하는 겁니다. 어떤 재산권도 더도 말고 덜도 말고 딱 그만큼만 누릴 수 있다는 말입니다. 다만 재산권 역시 기본권이기에 법률에 의해서만 제한이 가능합니다.

우리 헌법은 여러분이 생각하는 것 이상으로 인권 친화적인 경제 질서를 표방하고 있습니다. 그동안은 그 안에서 ‘자유시장경제’ 즉, 자유로이 형성되는 시장의 자율을 강조해왔어요. 그러면서 우리 헌법이 친기업적이라는 오해가 만연했습니다. 우리 헌법의 정신에 맞지 않는 편협한 이데올로기가 유포된 거지요. 우리가 이 부분을 명확히 짚어야 해요.

다시 헌법 전문으로 돌아와서 이야기를 계속해보겠습니다. “자유와 권리에 따르는 책임과 의무를 완수하게 하여” 다음으로 “안으로는 국민 생활의 균등한 향상을 기하고 밖으로는 항구적인 세계 평화와 인류 공영에 이바지함으로써 우리들과 우리들의 자손의 안전과 자유와 행복을 영원히 확보할 것을 다짐하면서”라는 문장이 나옵니다.

‘국민 생활의 균등한 향상’이란 무슨 뜻일까요? 앞서 국민 생활을 정치·경제·사회·문화로 나누었다고 말씀드렸습니다. 경제생활 측면에서 보자면 부자도 가난한 사람도 삶이 나아져야 한다는 겁니다. 돈이 없다고 해서 인권이 보장받지 못해서는 안 된다는 거예요. 이를 헌법 제10조와 연결 지어 생각하면, 국가는 경제적 인권 보장을 통해 인간의 존엄과 가치를 지켜야 한다고 해석할 수 있습니다. 우리가 행복 추구권을 가진다고 했을 때, 행복이란 무엇입니까? 기본적으로 먹고살 걱정 없이 안전하게 우리가 하고 싶은 바를 추구하며 사는 게 바로 행복입니다. 결국 안전과 자유와 행복은 하나예요. 서로가 서로를 담보해낸다는 측면에서 실질적으로는 동어반복입니다.

여기서 '균등하다'는 표현을 주목할 필요가 있는데요. 이는 평등을 의미합니다. 불합리한 차별이 있어서는 안 된다는 뜻이에요. 대기업 총수라고 해서 경제상 자유를 더 크게 누리고 소자본의 운영자라고 해서 더 적게 누린다면 그건 우리 헌법 취지에 어긋나는 상황인 겁니다. 하지만 현실에서는 많은 불합리한 차별이 존재하는 것도 사실이에요. 근로 소득 차이가 대표적입니다. 정규직과 비정규직, 대기업과 중소기업, 남성과 여성 간 평균 근로 소득이 차이가 큽니다. 하는 일이 다르니 임금이 다를 수는 있습니다. 문제는 이것이 합리적인 차이가 아닌, 구조적 차별에 기인할 때입니다. 능력이 같은데도 여자라는 이유로 남자보다 임금을 절반이나 적게 받는다면, 우리 헌법 정신에 위배되는 상황인 겁니다.

비정규직도 마찬가지입니다. 똑같은 일을 하는데 단지 정규직이라는 이유로 비정규직 임금의 두 배를 받는다면, '균등'하지 않은 겁니다. 따라서 국가는 이를 시정할 의무가 있어요. 그래서 여성과 비정규직 등 사회적 약자를 위한 다양한 정책을 내놓고 있는 겁니다.

국가가 직업 선택의 자유를 보장하는 이유

우리 헌법에서 경제 인권은 사유 재산제를 통해 재산권을 보장하는 것이 핵심입니다. 다만 공공복리를 위해 필요하다면 제한을 두어야 하며, 이러한 것들이 경제적 민주주의에 부합해야 한다는 말씀을 드리고요. 이번에는 노동권으로 범위를 좁혀볼까 합니다. 우리 헌법 제32조 제1항은 "모든 국민은 근로의 권리를 가진다"고 명시하고 있습니다. 내가 나의 신체를 이용해서 경제적 산출물을 내는 것, 이게 바로 근로입니다. 더 정확히는 노동이라는 표현이 맞겠지만, 헌법에서는 근로라는 표현을 사용하고 있습니다.

우리가 인간으로서의 존엄과 가치를 지키려면 노동을 통해 스스로 자립할 수 있어야 합니다. 이는 직업 선택의 자유로 이어집니다. 헌법 제15조에 "모든 국민은 직업 선택의 자유를 가진다"고 나와 있어요. 내가 하고 싶은 노동을 해서 생계를 유지한다는 뜻이에요. 우리 헌법이 '직업의 자유'가 아니라 '직업 선택의 자유'라고 표현한 데는 이유가 있습니다. 같은 뜻이기는 하나 좀 더 주체성을 강조하고 있는 표현입니다.

헌법재판소도 직업 선택의 자유는 직업 종사의 자유를 포괄하는 표현임을 인정하고 있어요. 그렇다면 부당 해고를 당하지 아니할 자유와 권리는 근로의 권리에 해당할까요, 직업 선택의 자유에 해당할까요? 저는 제32조의 근로의 권리로 보는 게 맞다고 봅니다. 사용자가 노동자를 부당하게 해고하는 것은 노동자의 직업 선택의 자유라는, 개인의 자유를 직접적으로 침해하는 것이라기보다는 부당하게 근로의 권리를 침해하여 이를 보장할 국가의 책임을 인정하는 것으로 보는 게 논리적으로 타당해 보입니다. 제32조 제3항에서 "근로 조건의 기준은 인간의 존엄성을 보장하도록 법률로 정한다"라고 규정하고 있는 취지를 보면 알 수 있어요. 현실적으로 근로 조건이 개인의 선택으로 해결할 수 있는 문제가 아니라는 걸 우리 헌법도 인정하고 있는 거예요. 기업의 목적이 이윤 창출이라는 건 상식에 속합니다. 그러나 그렇다고 해서 아무렇게나 해서 돈을 벌어도 된다는 뜻은 아니에요. 공정해야 합니다. 인간 존엄성을 희생하지 않는 범위 안에서만 가능합니다. 기업의 자유는 법률의 틀 안에서만 보장받을 수 있어요.

제32조의 근로의 권리에는 사회권적 성격이 있습니다. 사회권이란 국민들이 국가에게 인간다운 생활을 할 수 있도록 급부나 재화를 적극적으로 요구하는 권리예요. 쉽게 말하면 근로의 권리란 기본적으로 나라에 일자리를 내놓으라고 요구할 권리입니다. 국가가 직접 일자리를 만들 수 있습니다.

공무원 수를 늘리는 것도 하나의 방법입니다. 아니면 나랏돈으로 일자리를 만드는 간접적인 방법도 가능합니다. 과거 대공황기에 미국 정부가 벌인 대형 공공사업이 대표적인 사례입니다. 물론 "개인과 기업의 경제상의 자유와 창의"에 의해서 만들어지는 게 가장 바람직하기는 합니다. 어쨌든 이 부분은 갈수록 관심이 늘 거로 예상돼요. 로봇 기술과 인공지능 등의 발전으로 일자리가 점점 줄어들 거라는 전망이 나오고 있기 때문입니다.

우리 헌법은 근로권과 더불어 교육받을 권리^{제31조}, 인간다운 생활을 할 권리^{제34조} 등 사회권을 규정하고 있습니다. 교육의 권리 역시 굉장히 중요한 경제적 인권입니다. 바로 직업과 관련되기 때문입니다. 국가는 우리가 직업 능력을 개발할 수 있도록 교육 기회를 제공해야 합니다. 그래서 의무 교육이라는 걸 두는 거예요. 혹자들은 여기서 '의무'를 학생이 져야할 것으로 착각하는데, 그렇지 않습니다. 의무 교육은 국가가 의무적으로 시행해야 하는 교육을 뜻합니다. 그래서 우리는 이를 근거로 직업 재교육을 비롯해서 우리가 먹고살 능력을 기를 수 있는 배움의 장을 만들어달라고 나라에 요구할 수 있습니다. 정규 교육 과정, 재교육을 위한 기회가 부족하여 사회적 취약 계층들이나 직업 전환을 원하는 이들이 교육받을 수 없다면, 이는 국가의 의무를 다하지 못한 것이 되기에 그 책임을 물을 수 있습니다.

그 다음에 제34조가 규정하는 인간다운 생활을 할 권리입니다. 이건 재화나 서비스를 국가가 직접 제공해주는 겁니다. 국민기초생활보장법이나 연금 등을 보장받는 부분이에요. 우리가 어떤 이유로든 경제 활동에 참여하지 못하게 되었을 때 최소한의 생존을 보장할 의무가 국가에 있는 겁니다.

억강부약은 우리 헌법의 정신

사회권 보장은 우리 헌법의 특징입니다. 미국, 영국, 프랑스처럼 인권의 전통이 깊은 나라의 헌법에서도 찾아볼 수 없어요. 어떤 면에서는 굉장히 선진적이고 진보적인 성격을 갖고 있는 거죠. 실효성 논란이 있기는 합니다. 사회권이 국가에 요구하는 것이라고 말씀드렸잖아요. 그래서 국가가 이걸 실제로 구현할 수 있느냐 하는 문제가 남아요. 상징적인 목표에 불과하다는 해석도 심심찮게 들립니다. 그러나 저는 다르게 생각합니다. 우리 헌법 제정자들이 이런 권리를 헌법에 명문화한 데는 이유가 있어요. 우리 헌법에 따르면 누구나 일할 수 있어야 하며, 그 일자리의 근로 조건은 인간의 존엄성을 보장할 수 있어야 합니다. 이는 완전 고용과 직접 고용을 의미해요. 지금과 같은 불안정한 고용 시대에 국가가 적극적으로 개입할 근거가 되는 거예요.

또한 우리 헌법 제32조 제4항과 제5항은 여성과 연소자가 근로에 있어 특별히 보호받아야 함을 명시하고 있습니다. 또한 제33조에서는 근로 관계에서 상대적인 약자인 노동자가 집단적으로 권리 투쟁을 벌일 수 있는 권리를 보장함으로써 힘의 균형을 맞추고자 노력하고 있어요. 노동자는 헌법에 의거하여 "근로 조건의 향상을 위하여 자주적인 단결권·단체교섭권 및 단체 행동권"을 가집니다. 그만큼 공정하고 평등한 근로의 권리 보장을 강조하고 있고, 그 가치 기준으로 사회 정의, 인간의 존엄성을 제시하고 있는 것이에요. 경제 활동의 기준이 인간의 존엄성이지 경제적 이윤만이 아니라는 것이 바로 우리 헌법의 기본 정신입니다.

다시 한번 말씀드리지만 우리 헌법은 사회적 약자를 보호하는 데 큰 노력을 기울이고 있습니다. 굉장히 친노동적인, 즉 인권 친화적인 경제 질서를 채택하고 있어요. 이때 '친-'은 무조건 그쪽 편을 든다는 뜻이 아닙니다. 억강부약抑强扶弱이라고 하죠. 강한 자를 누르고 약한 자를 도와서 수평을 맞추는 겁니다. 이를 통해 공정하고 균등하게 경제적 권리를 누릴 수 있도록 하는 거예요. 노동자뿐만 아닙니다. 우리 헌법은 다양한 계층의 권리 도모를 위해 노력해야 한다고 말하고 있어요. 헌법 제124조를 보겠습니다.

"국가는 건전한 소비 행위를 계도하고 생산품의 품질 향상을 촉구하기 위한 소비자 보호 운동을 법률이 정하는 바에 의하여 보장한다."

이처럼 국가는 소비자 운동을 보호할 의무가 있습니다. 다음은 헌법 제123조 제5항입니다. "국가는 농·어민과 중소기업의 자조 조직을 육성하여야 하며, 그 자율적 활동과 발전을 보장한다."

위의 조항들은 사회적 취약 산업이나 취약 계층 등에 대한 적극적 지원을 주문하고 있습니다. 이를 통해 대기업과 소기업, 기업과 노동자, 소비자, 농수산업 종사자 등 다양한 경제 주체들이 인간의 존엄과 가치를 실현하면서 국민 생활의 균등한 향상을 추구하는 경제 질서를 만들고자 한 거예요. 소위 말하는 '인간의 얼굴을 한 자본주의'가 바로 우리 헌법이 추구하는 경제 질서입니다. 그럼에도 마치 우리 헌법이 비인간적인 자본 위주의 시장경제를 명시한 것처럼 호도하는 일이 많습니다. 이런 부분들을 우리가 좀 더 잘 알고 대처해야 해요. 그러기 위해서라도 많은 우리 시민들이 헌법 공부, 인권 공부를 하셨으면 좋겠습니다. 그런 의미에서 다시 한번 정리하겠습니다. "헌법이, 인권이, 밥 먹여줍니다!"

5장

왜 우리는 선진국이
되려고 했는가?

우석훈

우석훈

서울에서 태어나 프랑스 파리 10대학에서 경제학을 공부했고, 현대환경연구원, 에너지관리공단, 국무조정실 등에서 환경 관리와 기후변화협약 담당 업무를 수행했다. 수년간 기후변화협약 정부 대표단의 일원으로 국제 협상에 참가했고, 한국생태경제연구회의 설립에 참여한 이래 생태계 경제학의 기본 이론을 정리하고 생태학과 경제학을 접목하는 작업을 계속하고 있다. 쓴 책으로 『힘내라, 도서관!』, 『천만국가』, 『88만원 세대』, 『당인리』, 『팬데믹 제2국면』 등이 있다.

경제학자로서 오늘 인권에 관해 말씀드리겠다고 생각한 가장 큰 이유는 최근 빈번한 인권 문제 때문입니다. 최근에는 학생인권조례에 대한 공격이 상당했죠. 실제로 몇몇 지자체에서는 폐지까지 했습니다. 보통은 경제적 여유가 생기면 인권이 나아진다고들 했는데, 우린 왜 이러지? 하는 고민이 생겼습니다.

인간 권리의 탄생

공부를 하다 보니 인권이라는 게 쉬운 문제는 아니더군요.

용어 자체도 정확하게 개념화하기가 어려웠습니다. 인권을 영어로 하면 'human right'잖아요. 'right'라는 단어가 사전적으로 '옳'다는 뜻도 있어요. 그런데 원래 이 말의 기원은 프랑스어예요. 프랑스어로 인권을 '인간의 권리droits de l'homme'로 표현합니다. 여기서 'droit'에는 법法이라는 뜻도 있어요. 그러니까 이 말은 '인간이 만든 법'이라는 뜻이기도 합니다. 여러분도 교과서에서 배운 내용입니다. 프랑스 혁명 이전, 그러니까 봉건 시대 때의 법은 왕이 정했잖아요. 왕권신수설, 하늘에서 그럴 권리를 왕에게 내렸다고 믿었습니다. 그러다 근대 공화정이 들어서면서 이런 관념이 부정돼요. 누구에게나 인권이 있다는 천부인권설이 등장합니다. 그러니까, 인권이라는 개념 자체가 근대, 경제체제로 말하면 자본주의의 등장과 관련이 깊은 거예요.

제가 최근 영유아 사교육 관련해서 교육부를 상대로 국가인권위원회에 진정을 한 적이 있습니다. 뜻이 같은 사람들과 함께 꾸린 7세 고시 국민고발단의 공동 대표를 했습니다. 여러분 혹시 '7세 고시'라는 말 들어보셨나요? 이제 막 대여섯 살 된 아이들이 어학원에 들어가려고 시험을 봅니다. 극단적인 사교육, 선행 교육 사례예요. 아이들 인권이 무지막지하게 훼손되고 있는 겁니다.

도서관, 조기 선행 교육 등에 관심을 두고 살펴보다가 느낀 점이 있습니다. 바로 한국은 인권을 주변부적인 걸로 생각한다는 점이에요. 경제, 고용 안정, 국방 같은 게 먼저고 인권은 그런 우선적인 문제가 해결되면 자연히 지켜진다고 봅니다. 쉽게 말하자면, 일단 밥이 먼저라는 거죠. 배고픈 사람들이 인권 신경 쓸 겨를이 있느냐는 입장이에요. 그런데 이는 본말이 전도된 얘기예요. 앞서 인권이 자본주의 등장과 관련이 깊다고 말씀드렸습니다. 오늘날 밥벌이 문제는 인권과 양면을 이룹니다.

자본주의 이전에는 '인권'이라는 개념 자체가 없었습니다. 봉건 사회 때 농민은 노예나 다름없었어요. 유럽 대부분 나라에서 그랬습니다. 이들이 해방되면서 시민이 되고, 노동자가 되고, 소비자가 되는 과정이 바로 근대 자본주의의 성립이에요. 우리가 중세를 암흑의 시대라고 하죠. 신神이 전부인 시대였습니다. 인간은 아무것도 아닌 존재였어요. 원죄가 있으니 열심히 신을 섬겨서 구원을 받는 게 인생의 목적이었습니다. 그래서 최초의 대학교도 신학대학이에요. 인문학은 19세기 이후에 신학에서 파생된 학문입니다.

그러다 일대 변화가 생깁니다. 바로 무역을 통한 부의 축적이에요. 대항해 시대 이후로 유럽인들이 전 세계 각지를 돌아

다니며 교역을 시작합니다. 그 과정에서 부자들이 생겨나죠. 이들은 왕족이나 귀족이 아니었습니다. 이들에게는 봉건적 신분 질서와 모든 걸 장악하고 있는 신이라는 존재가 점점 거추장스러워집니다. 그러면서 인간이 신의 자리를 대신하게 돼요. 그럴 능력이 스스로에게 있다는 사실을 확인한 겁니다. 신에게 권리가 있듯이, 인간에게도 권리가 있다는 사상들이 등장합니다. 그렇게 '인간의 권리'라는 개념이 탄생합니다.

철학적으로는 이전과 완전히 배치되는 사상이 퍼지기 시작해요. 데카르트의 유명한 명제인 "나는 생각한다, 그러므로 나는 존재한다*Je pense, donc je suis*"는 이러한 인간적 각성을 상징합니다. 성경은 다음과 같은 첫 문장에서 출발합니다. "태초에 하나님이 천지를 창조하시니라"『요한복음』1장 1절은 다음과 같은 말로 시작해요. "태초에 말씀이 계시니라." 그러니까, 신이 이 세상을 창조했고, 모든 존재는 신이 거기 있으라 해서 존재하는 거잖아요. 신이 6일째 되는 날 인간을 만들고 기분이 좋아서 7일째 되는 날 쉬었다는 내용이 이어집니다. 데카르트는 이걸 모두 뒤집고, 인간이 스스로 존재한다고 선언한 거예요. 왜냐하면 인간은 스스로 생각을 하니까요. 사유하는 존재라는 겁니다. 저는 이로써 근대 철학이 시작한다고 학생들에게 이야기합니다. 예술로 보면 르네상스의 시대라고 표현합니다. 인간이 다시 태어났다는 의미입니다. 예술가들이 신의 속박에서 벗어나 인간의 아름다움에 주목하고 표현하기 시작합니다. 그러면서 자본주의가 등장해요. 부를 축적한 시민계급이 중심이 되어 신으로부터 받은 권력으로 유지해오던 신분제가 폐지됩니다. 프랑스 혁명1789년이 발발하고 같은 해 인권 선언이 등장해요. 그에 앞서 미국 독립 선언1776년이 있었고요. 이것이 미국과 서구 유럽에서 인권이 등장하게 된 역사적 배경입니다.

자본주의와 인권 개념의 성립

인권과 법의 관계를 보자면, 자본주의 경제 시스템에서 인권은 법에 의해서 만들어지는 것이 아닙니다. 거꾸로 자본주의를 만들어낸 시스템의 근간에 해당해요. 원칙적으로 인권은 법을 초월하는 개념입니다. 다만 우리는 시민혁명을 통해서 자본주의와 공화국을 만든 게 아니라서 법에 의해서 인권이 만들어졌다고 생각하는 경향이 있을 뿐이에요.

우리는 유럽이 겪은 혁명에 대한 역사적 경험이 없다 보니 인권을 법적 테두리 안에서 해석하려는 경향이 있습니다. 서

구 유럽은 인권선언 이후에 이를 보장하고자 헌법을 만들었
거든요. 그러니까 헌법은 법 조항일 뿐입니다. 중요한 건 '인
권'이라는 가치 자체예요. 따라서 그들의 입장에서 보았을 때
시대가 변하고 헌법이 현실을 반영하지 못한다면 얼마든지
어길 수 있습니다. '인간의 권리'인 인권 헌법을 만든 것이지,
헌법이 법을 만들고, 그 법이 인권을 만든 것은 아닙니다. 논
리적으로는 인권이 헌법보다 우선합니다. 우리는 그런 생각
을 하지 못하죠. 이 부분은 인권에 관한 의식에서 큰 차이를
가져옵니다. 우리는 헌법에 규정된 권리를 법률이 구체화했
을 때 비로소 인권을 보장받는다고 생각합니다. 과거 봉건 시
대에 신이 권리를 부여했듯이, 법이 인권을 만들어준다고 오
해하는 거예요.

예를 들어 학생 인권 같은 경우도 원래 인권 개념에 의하면
당연히 학생에게 있는 권리예요. 학생조례 같은 건 이를 명문
화하는 역할을 하는 것뿐입니다. 그 사람이 잘났든 못났든 법
하고 상관없이 원래 가지고 태어나는 거예요. 그런데도 우리
는 마치 조례 폐지로 학생 인권이 사라지기라도 하는 것으로
인식합니다. 인권 개념이 충분히 정착할 만큼의 역사적 경험
이 부족하기 때문입니다.

법은 인권을 보장하기 위한 수단에 불과합니다. 근대 국가

의 성립 과정이 이를 잘 보여주죠. 여러분도 잘 알고 계시듯, 루소와 홉스 같은 계몽주의자들이 사회 계약설을 주창합니다. 신이 사라진 자리에 인간이 들어섰으니 이제 우리가 다툼 없이 잘 지내려면 어떻게 해야 할까가 중요해진 겁니다. 이들이 생각해낸 방식은 이성을 담보로 한 개인 간 계약이에요. 서로 권리만 주장했다가는 "만인의 만인에 대한 투쟁" 상황에 빠질 수 있으니, 서로 권리를 조금씩 양도해서 이를 조절할 국가를 만들자고 말합니다. 그런데 만약 권한을 위임받은 국가가 그 역할을 제대로 못 한다면, 당연히 불복종할 수 있는 거예요. 국가의 권리 자체가 시민에서 나왔기 때문입니다.

한국의 자본주의는 서구 유럽과 다른 길을 걷습니다. 봉건주의에서 발전하지 못하고 일제 강점기를 통해 이식되었어요. 당시 한국을 통치한 조선 총독부는 차별화된 식민 정책을 시행했습니다. 예를 들어 19세기 후반부터 일본은 자국에 도서관을 건립하기 시작합니다. 그런데 한국에서는 금지시켜요. 강제 한일 병합 이후 무도서관無圖書館 정책을 고수하다가 3·1운동 이후 유화 정책을 실시하면서 그때 도서관을 만듭니다. 당시 인권 상황은 말할 것도 없이 열악했어요. 그러다 해방이 되지만 곧바로 분단과 전쟁을 겪습니다. 이후로 군사 쿠데타에 이은 독재 정권이 1980년대까지 지배합니다. 국민 입장에서는 식민지 통치나 다름없는 시간을 견뎌야 했죠. 정상적인 형태의 인권을 경험하지 못합니다.

유럽이 인권 위에 자본주의 사회를 세우고 발전해나가는 동안 우리는 탄압과 폭압 속에서 지냅니다. 오랜 시간 권위주의 정권의 지배를 받다 보니 인권은 굉장히 시혜적인 개념이 됐어요. 지금은 1인당 국민소득이 3만 달러가 넘어가는 선진국이 됐는데도 그래요. 서구 유럽의 인권이 완벽하다는 뜻은 아닙니다. 다만, 우리가 인권을 권력이 우리 손에 쥐여주는 것쯤으로 생각해서는 안 된다는 점을 말씀드리려는 거예요.

실상 유럽이 말하는 인권도 상당히 차별적이었어요. 자본주의 초기에 인권은 일정 재산을 갖춘 백인 남성만 보장되었어요. 여성, 흑인, 가난한 사람들은 거기에 해당하지 않았습니다. 예를 들어 영국 작가 제인 오스틴의 『오만과 편견』이라는 소설을 보면, 당시 여성들은 자기 이름으로 독자적인 은행 계좌를 가질 수 없었어요. 소설이 출간된 해가 프랑스 인권선언이 있은 지 20년이 지난 1813년입니다. 유산 상속도 못 받았습니다. 20세기나 되어야 가능해집니다. 『오만과 편견』에서 아버지는 집도 있고 돈도 있는데 딸들한테 물려줄 수가 없습니다. 자신이 죽으면, 아내와 딸들에게 돈과 주택을 물려줄 방법이 없고, 엉뚱한 남자 친척에게 가게 되

어 있었습니다. 그래서 빨리 결혼을 시키려고 합니다. 여성
의 재산권과 참정권 등 인권은 19세기 후반이 되어서야 점진
적으로 이루어져요.

　아프리카계 미국인의 인권은 20세기까지 보장이 안 되었
죠. 공공시설, 학교, 식당 등에서 흑인과 백인을 분리하는 짐
크로법Jim Crow Laws은 1960년대 들어서야 철폐됩니다. 이와
관련해서 실감 나는 에피소드가 있습니다. 1964년 9월, 유명
그룹 비틀스가 미국에 공연하러 갔다가 깜짝 놀랍니다. 당시
공연장이 미국 플로리다주 잭슨빌에 있었는데 흑인석, 백인
석이 나뉘어 있어요. 충격을 받고는 이대로는 공연을 못 하겠
다고 하자, 그제야 흑인석을 없애요. 그러자 남부 지역 사람
들이 반발하죠. 흑인과는 같이 앉을 수 없다며 앨범 불매운동
을 하고, 야단법석을 피웁니다. 그래서 후반 순회 일정이 취
소돼요. 그 정도로 차별이 심했습니다.

　가난한 사람들도 오랫동안 차별받습니다. 20세기 초만 해
도 미국과 유럽에서는 노동자들이 파업하면 총까지 쏘아가
며 가혹하게 탄압했습니다. 아동 노동도 횡행했습니다. 국회
의원까지 지내게 된 영국 경제학자 존 스튜어트 밀이 이 부분
을 강하게 문제 제기할 정도였어요.

일상에서 만나는 인권

초기 자본주의가 진행되면서 인권 문제가 불거졌습니다. 주류인 백인 남성들 외에 수많은 사람이 열악한 사회 환경에서 살아가야 했어요. 생산 현장에서 고통받던 노동자의 저항도 거세졌습니다. 무엇보다도 대공황으로 자본주의 자체가 흔들렸습니다. 그러자 케인스를 위시한 경제학자들이 수정 자본주의를 들고나왔습니다. 국가의 개입으로 불안정성을 해소해야 한다고 주장했죠. 사회 복지가 강화되면서 노동자와 소외 계층의 인권이 신장됩니다. 이런 흐름이 신자유주의가 등장한 1980년대 이전까지 계속됩니다.

소위 말하는 '인간의 얼굴을 한 자본주의'입니다. 비슷한 말로 '포용적 성장'이 있죠. 성장과 이윤 중심에서 벗어나 사회 문제를 함께 돌보자는 이야기입니다. 한편 북유럽 쪽에서는 복지 중심의 사회민주주의가 등장했습니다. 세금으로 소득 불균형을 해소하고 각종 복지 정책으로 최소한의 인권을 보장하고자 했습니다. 그러면서 인권 의식도 탄탄해졌죠. 요즘은 난민 문제로 그마저도 약해졌지만, 오랜 인권의 전통이 있어서 쉽게 무너지지는 않아요. 그래서 지금까지 말씀드린 내용을 정리하자면, 우리나라는 서구 유럽처럼 독자적인 자본주의 발전 과정이 없어서 인권 개념이 정립되지 않았으며, 인권을 법을 통해 보장되는 권리쯤으로 인식하고 있다, 정도가 되겠습니다.

이러한 특수성은 우리 일상에서도 잘 드러나요. 오늘날 한국 경제 상황에 걸맞은 인권 주제를 여기서 찾을 수 있습니다. 몇 가지 흥미로운 주제를 중심으로 말씀드릴게요.

하나는 직장 민주주의입니다. 노동권 관련하여 우리나라는 지금까지 임금과 복지가 주요 이슈였어요. 노동조합의 요구도 대략 그 범주 안에 있었습니다. 저는 여기에 '민주주의'를 포함해야 한다고 봅니다. 보통 민주주의 하면 크게 생각하잖아요. 우리가 과거 독재 정권을 오래 경험하다 보니 국가 통치 권력, 선거 같은 이슈와 비슷하게 여깁니다. 그러나 민주주의는 권력에만 적용되어야 할 가치가 아니에요. 사람과 사람 관계에서 특히 필요해요. 이를테면 가정과 직장에서 민주주의는 매우 중요한 역할을 합니다. 미국만 해도 직장 민주주의가 정착된 부분이 있어요. 수평적 관계가 일상화되어 있습니다. 우리는 많이 더디죠. 학교와 가정도 마찬가지입니다. 민주주의 인권을 법과 제도의 문제로 보니까, 생각이나 행동이 따로 놀 때가 많습니다.

그다음은 주거권이에요. 이는 헌법에도 명문화되어 있는

데요. 그에 비해 논의가 부족한 실정입니다. 쾌적한 생활을 할 권리에 대해 적극적으로 실현해나가야 한다고 봅니다.

출산권도 우리가 고민해야 할 지점이에요. 지금의 소위 '저출산 대책'은 중산층, 대기업 중심입니다. 각종 지원 등이 대형 사업장에나 적용되는 게 많죠. 출산 휴가도 그렇고 직장 어린이집 설치도 일정 정도 규모가 되는 기업이나 해당합니다. 단기 노동자나, 비정규직, 플랫폼 노동자, 프리랜서 같은 경우는 설계 때부터 배제돼요. 그리고 '출산' 자체를 여성에게 강요하는 경향이 있어요. 사회적 여건을 개선하는 데 초점을 맞추어야 합니다.

아이를 낳고 안 낳고는 개인이 선택할 일이죠. 다만 아이를 갖고 싶어 하는 이를 지원하는 게 국가가 할 일이라고 봅니다. 여건도 안 되는데 자꾸 아이만 낳으라고 하는 건 문제가 있어요. 또한 출산권을 보장해야 하는 만큼 비혼으로 살아갈 권리도 존중받아야 합니다. 혼자 살고 싶은 사람이 있잖아요. 그들 역시 가정을 구성하지 않고도 행복할 수 있는 권리가 있다고 생각해요. 비혼자, 결혼하고 싶어 하는 사람들, 양육자의 인권 등이 차별 없이 고루 보장되어야 합니다.

행복한 학교를 만들 권리

그다음으로 말씀드릴 것이, '인간을 넘어서는 자연의 권리'입니다. 그동안 너무 사람 중심으로 생각해왔어요. 20세기 이후 철학자들이 이런 비판을 많이 합니다. 인간만이 아니라 동식물 등 자연 자체도 권리가 있다는 거예요. 우리가 환경 보존을 논할 때는 관점이 조금 다릅니다. 예를 들어 갯벌을 보호하자 했을 때, 사람들은 보통 '갯벌의 기능'에 초점을 맞춰요. 환경적으로 어떤 의미가 있고 부가 가치가 얼마나 되고 하는 식이에요. 이거야말로 인간 중심적인 사고가 아닐 수 없습니다. 존재권의 관점에서 보면 갯벌은 그 자체로 존재할 권리가 있습니다.

요즘은 인공지능이 큰 이슈입니다. 인권적 차원에서 보자면, 인공지능도 스스로 권리를 갖는지가 쟁점이에요. 예컨대 인공지능 창작물의 지식재산권은 누구에게 가야 할까요? 지금은 그걸 만들거나 소유한 사람이 다 가져가잖아요. 법적으로도 인공지능의 저작권은 인정되지 않습니다. 아직은 그래요. 그러나 기술이 더 발달하고 인공지능이 인간을 훌쩍 뛰어넘는 능력과 주체성을 갖추게 된다면 이야기가 달라지겠죠. 어쩌면 스스로 시민권을 요구하는 날이 올지도 모릅니다.

　다음으로 제가 생각해본 게 '과일을 먹을 권리'입니다. 이 건 건강권과도 관련이 있어요. 우리나라는 세계에서 학교 급식이 가장 모범적인 나라입니다. 아주 잘되어 있어요. 외국에서 한국 온 학생들이 깜짝 놀랄 정도입니다. 그런데 아쉽게도 고등학교를 졸업하는 순간 이런 지원이 끊어집니다. 대학이나 직장에서는 대부분 급식업체가 관리해요. 그래서 과일 구경하기가 힘듭니다. 우리나라 대학생은 졸업 때까지 학교 식당에서 과일 먹을 기회가 없어요. 과일이 왜 필요할까요? 고기나 튀김과 달리 성인병을 예방하는 건강 식단을 상징하는 음식이에요. 건강권 보장과 사회 보건의 강화 차원에서도 이런 부분을 살펴볼 필요가 있습니다. 사람들이 건강해지면 병원 갈 일이 줄어드니 국가 차원에서는 건강보험 지출이 줄잖아요. 또한 농업 경제 활성화 효과도 볼 수 있습니다.

　이번에는 학교에 대해 살펴보도록 하겠습니다. 요즘은 교실마다 유리창이 있습니다. 대학 강의실은 막혀 있어도 초중등 교실은 한쪽이 완전히 개방되어 있습니다. 호기심에 그 배경을 알아보았습니다. 시작은 미국 철학자 존 듀이^{John Dewey}였습니다. 이분이 20세기 초에 교육운동을 하면서 그 여파로 학교에서 유리창을 달기 시작해요. 그때만 해도 학교는 매우 폐쇄적인 공간이었어요. 이걸 개방적이며 학생 중심의 공간

왜 우리는 돈에 지배당하는가?

으로 바꾸고자 했던 겁니다. 그러자 일본이 이걸 따라 합니다. 그런데 조금 다른 차원에서 환영받아요. 복도에 유리창을 달아 보니 학교장이 교사들 감시하는 데 유리합니다. 그래서 일제 강점기 식민지였던 한국에도 똑같은 모양의 교실이 들어서요. 그렇게 100년 가까이 지금의 학교 교실 구조가 유지됩니다. 좋은 뜻으로 생긴 교실 유리창이 감시와 처벌이라는 이상한 용도로 바뀐 겁니다. 제가 자료를 찾아보다가 핀란드 교실 사진을 보았는데요. 거긴 창문이 복도 쪽이 아니라 건물 바깥으로만 나 있어요. 애초에 감시 필요성 자체를 인정하지 않는 구조예요.

우리나라에서 학교 인권이라고 하면, 교권과 학생 인권 정도를 떠올립니다. 제가 보기에는 너무 경직되어 있어요. 좀 더 적극적으로 해석해서 '행복할 권리'로 확장하면 안 될까 하는 생각이 들었어요. 유네스코에서는 몇 년 전부터 '행복한 학교happy school' 사업을 벌이고 있습니다. 일본과 베트남 등 일부 국가에서 시범적으로 하고 있는데요. 요약하자면 학생 스스로 함께 만들어야 할 변화에 대해서 구체적으로 논의하고 정책적 대안을 추진하는 프로그램이에요. 우리도 학생이 주체적으로 참여하여 행복할 권리를 논할 때가 되었습니다. 지금까지는 피동적인 대상으로 존재해왔잖아요. 군사정권

일제 강점기 초등학교 교실 모습.

시기에는 군인 다루듯이 했고 지금은 '인적 자원'으로 취급합니다. 그 결과 한국은 세계적으로도 가장 빠르게 청소년 자살률이 올라가는 나라가 되었어요. 몇 년 지나면, 10대 자살률도 세계 1위가 될 것 같습니다. 학생들이 전혀 행복하지 않습니다.

학교의 또 다른 구성원인 선생님들의 인권도 '교권'이라는 틀에서 벗어날 필요가 있습니다. 가르치는 사람으로서의 권리가 아닌 인간으로서 보편적 권리를 이야기해야 해요. 교사는 학교에서 일하는 노동자입니다. 그러면 당연히 노동 조건 등이 이야기되어야 할 텐데 자꾸 '교권'이라는 프레임에 갇혀버려요. 상식적으로 특정 직업에만 부여되는 권리가 있을 리 없잖아요. '공무원권'이라는 말이 성립하지 않는 이유입니다. 그럼에도 왜 교권일까요. 저는 그냥 언론에서 만들어낸 말이라고 봐요. 정확한 표현은 '교사 인권'입니다. 학부모의 부당한 민원이나 각종 잡무로 인한 근무 시간 외 노동 등은 모두 노동자로서 인권을 침해받는 사례예요. 따라서 학생 인권과 부딪칠 일이 없습니다. 학생 인권이냐, 교권이냐, 이건 좀 이상한 프레임입니다.

아동의 쉴 권리와 수면권 문제

요즘 영유아 사교육 문제가 심각해졌습니다. 제가 문제를 제기했던 시기만 해도 '7세 고시'였는데 이제는 '4세 고시'라고 하더군요. 겨우 네 살인 아이들이 영어 유아원에 들어가려고 시험을 본다고 해요. 그런데 이런 결정을 누가 하겠어요. 보통 양육자가 합니다. 이처럼 결정 주체가 당사자가 아니라는 데 사교육의 첫 번째 문제가 있어요. 결과적으로 아동·청소년 인권이 침해받는 거예요. 해결 방법은 간단합니다. 국가가 법적으로 그 기준을 정하면 돼요. 지금은 부모가 마음대로 하잖아요. 자녀를 부모의 소유물로 봅니다. 내 아이는 내 거니까, 내 마음대로 결정하겠다는 얘기죠. 이걸 국가가 개입해서 그러지 못하게 하는 겁니다. 성인이 되기 전에는 국가가 아이들 인권을 대신 보호해주는 거예요. 대만은 7세 이하 아동의 영어 과외를 금지합니다. 이건 아이들만 보호하는 게 아닙니다. 부모들도 스트레스가 이만저만이 아니잖아요. 대만도 우리처럼 조기 사교육이 엄청나게 심했습니다. 그러다 정신병이 느는 등 부작용이 생기니까, 국가가 개입한 거예요.

제가 7세 고시 관련 시민운동을 하면서 실태를 알아보았는데요. 직접 다니는 아이에게 물어보니까, 우리말로 공부하고 싶대요. 이걸 왜 영어로 해야 하는지 모르겠다고 합니다. 당사자인 아이들이 얼마나 시달리는지, 얼마나 인권이 침해받고 있는지 실감할 수 있었습니다. 그래서 저는 사교육 문제도 아이들의 인권, 학습권으로 접근해야 한다고 생각합니다.

우리나라 교육과 관련해서 또 하나 생각해볼 인권은 '수면권'입니다. 아이들이 공부하느라 잠을 못 자요. 요즘 전 세계적으로 노동 시간을 축소하는 추세입니다. 우리도 주 4일제 논의가 나오고 있죠. 가까운 일본만 해도 공무원 등 공공부문이 시범적으로 도입하고 있습니다. 이처럼 어른들은 노동 시간을 줄이는데, 아이들 학습 시간은 왜 자꾸 늘어나는지 모르겠어요. 영어식으로 공부 시간을 'work hour'로 표기합니다. 일하는 시간도 똑같이 표현합니다. 단어 자체가 일치해요. 프랑스어도 마찬가지입니다. 공부하다, 일하다 모두 'travailler'입니다. 독일어 'arbeiten'도 일한다, 공부한다는 의미입니다. 그들이 보기에 일과 공부가 다르지 않아요. 그런데 우리는 이 둘을 분리해서 생각하죠. 우리나라 아이들은 공부에 혹사당하고 있어요. 어른들 노동 시간 줄이듯이 공부 시간을 줄여야 합니다. 휴식권, 수면권은 최소한의 권리거든요. 자본주의 사회에서 이 권리는 근원적인 질문에서 시작합니다.

1883년 폴 라파르그^{Paul Lafargue}라는 사회주의자가 감옥에서 『게으를 권리』라는 책을 출간했습니다. 그는 마르크스의 사위였습니다. 당시는 사회적으로 노동권에 관심이 많을 때였어요. 일하고 싶다, 노동권을 보장하라는 주장들이 노동자들 사이에서 나왔습니다. 그런데 뜬금없이 이 사람은 '게으를 권리'를 주장해요. 노동 시간을 줄이고 여가를 확보해야 한다고 말합니다. 안 그러면 장시간 노동에 겨우 먹고살 만큼 임금을 받으며 사는 사회로 가게 된다고 경고해요. 어찌 보면 선견지명이 있었던 거예요. 68혁명 때 재조명이 되었고, 그의 책은 노동 시간 단축에 바이블이 되었습니다. 만약 그가 지금의 한국 사회를 본다면 뭐라고 할까요? 지금 당장 아이들을 공부의 감옥에서 해방시키고, '게으를 권리'를 보장하라고 하지 않을까요. 인권적 차원에서 우리나라 아동·청소년의 휴식권, 수면권을 보장해야 합니다.

방어적 인권에서 행복의 인권으로

오늘날 한국은 경제 선진국입니다. 전후 최빈국에서 출발해서 경제 규모가 세계 10위권에 이르는 엄청난 발전을 이루었어요. 다만, 인권 논의는 여전히 중진국 수준에 머물러 있어요. 학교나 직장, 종교 단체 같은 데에 여전히 인권 침해적 요소가 많습니다. 그동안 개인의 몫으로 보고 아무런 조치도 취하지 않았기 때문이에요. 인권은 경제와 함께 갑니다. 이 상태로 계속 가면 경제 발전도 한계에 부딪힐 수밖에 없어요. 인권적으로 한 단계 도약하지 않으면, 선진국 경제를 지속하기 어렵습니다. 지금 북유럽처럼 인권이 발달한 선진국은 계속 발전해나가잖아요. 반면에 필리핀이나 아르헨티나 같은 나라들은 한때 부자 나라였다가 인권 탄압과 독재 등으로 쇠락했어요.

지금 우리 인권은 방어적이고 소극적이에요. 권리를 빼앗기지 않고 보호받는 걸 목표로 해요. 범위도 매우 좁아서 특수한 경제적 서비스 위주입니다. 개발 도상국 시절의 사고방식이에요. 선진국이 된 지금은 적극적으로 인권을 확대하여 해석할 필요가 있어요. 앞서 말씀드린 학생들이 우리말로 공부할 권리, 충분히 잠잘 권리가 그렇습니다. 학생들 공부시키고 밥 먹여주면 됐지. 그런 것까지 챙겨야 하나? 이러면 안 됩니다. '아이들이 교실에서 행복하게 공부할 수 있게 하는 것'으로 인권 개념을 확장해야 합니다.

결론적으로 저는 '행복'을 인권 개념과 통합해야 한다고 말씀드리고 싶습니다. 애초에 우리가 왜 선진국이 되려고 했는지 생각해보아야 합니다. 배고픈 시절이었으니 단지 잘 먹고 잘사는 게 목적이었을까요? 우리도 선진국 사람들처럼 인간답게 살고 싶었잖아요. 그런데 막상 선진국이 된 지금 그때의 꿈을 이루었을까요? 어쩌면 지금이 기회인지도 모릅니다. 인권은 고정된 개념이 아닙니다. 계속 변화하고 성장해요. 과거의 인권에 머무르지 않고 변화된 경제적 상황에 대응할 담론과 분석이 필요합니다.

6장

국가는 돈을
어디에 써야 하나?

정창수

정창수

1998년부터 20년 넘게 나라 살림을 감시하는 일을 해왔다. '밑빠진 독'상이라는 예산 낭비 감시 프로그램을 진행해 예산 감시 운동의 성과를 부각시켰다. 국회 예산정책처 자문위원과 서울시 주민참여예산 지원센터장을 거쳐, 지금은 경희대학교 공공대학원 객원교수, 나라살림연구소 소장으로 활동한다. 국정기획위원회 전문위원도 역임했다. 쓴 책으로『워 오브 머니』,『실전! 지방예산·결산』,『재정 건전화』가 있고, 함께 쓴 책으로『인간은 왜 폭력을 행사하는가?』,『최순실과 예산 도둑들』,『민주정부 3.0』,『역동적 복지국가의 길』등이 있다.

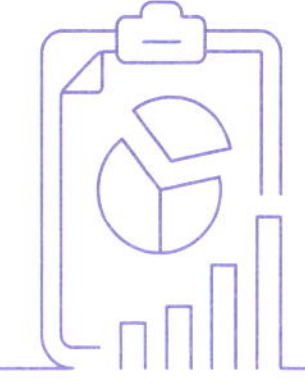

오늘은 우리가 내는 세금이 어떻게 쓰이는지, 나라 살림 전반에 관한 이야기를 나누겠습니다. 세금은 한국 국민이라면 예외 없이 납부하는 돈입니다. 그런데 이게 어떻게 쓰이는지는 잘 몰라요. 학교에서도 잘 안 가르쳐줍니다. 상당히 중요한 문제인데 소홀히 취급되고 있다는 생각입니다. 그래서 오늘 이 문제를 관심 있게 살펴볼 예정이에요.

제가 한때 '함께하는 시민행동'이라는 곳에서 활동한 적이 있습니다. 2000년부터 '밑 빠진 독'상을 제정해서 정부의 예산 낭비 행태를 감시했어요. 언론들도 많은 관심을 보였습니다. 성과도 있었어요. 자체 조사로 총 16건의 사업을 중단시키거나 예산을 줄여서 1조 4000억을 아꼈습니다. 당시 시민

운동의 실효성을 증명한 사례였습니다.

"예산을 알면 국가의 미래가 보인다"

한번은 해외로 나가서 미얀마 정부 예산분석자문관을 한 적이 있습니다. 당시 아웅산 수치가 집권했을 시기였는데요. 그쪽 국회의원이나 관료들을 대상으로 예산 교육을 했습니다. 다섯 회 강연했는데 아웅산 수치가 직접 세 번이나 참석했어요. 당시 강의를 하려고 자료를 살피다가 놀라운 점을 발견했습니다. 예산이라고 할 만한 게 별로 없었어요. 보통은 나라에서 세금을 걷어서 그 돈으로 도로도 만들고 복지 사업도 하잖아요. 그런 시스템이 전무했습니다. 일단 세금이 없어요. 소득세나 부가세처럼 걷어서 쓸 돈이 없고 잘해야 관세 정도 있었습니다. 그래서 이러한 점을 지적하고 우리나라처럼 정부가 투자할 돈을 마련하게끔 해볼 생각이었는데, 이후로 쿠데타가 일어나고 정권이 바뀌면서 그럴 기회가 사라졌죠.

그때 상대적으로 우리나라 예산이 든든함을 깨달았습니다. 다만 여기에 낭비가 많아요. 국회나 고위 관료들이 짬짜

미해서 쓰는 경우도 많고요. 한마디로 "밑 빠진 독"인 셈이죠. 우리나라 예산, 즉 나라 살림에 국민들 뜻이 반영되기 힘든 구조가 있습니다. 일반 시민들이 관련 정보에 접근하기 어렵기 때문입니다. 누가 어디에 어떻게 쓰는지 몰라요. 막연하게 '세금 적게 내면 좋지 뭐.' 이렇게 생각합니다. 하지만 올해 우리나라 예산이 670조 원이 넘어요. 이 엄청난 돈이 어디에 어떻게 쓰이느냐는 한 나라의 경제를 좌우할 정도로 큰 문제입니다. 관심을 가져야 해요.

국가 예산은 세 가지 기능이 있습니다. 하나는 경제 안정 및 성장이에요. 일찍이 저명한 경제학자 슘페터Schumpeter는 "예산을 알아야 국정을 운영하고 국가의 미래를 판독할 수 있다"고 말한 바 있습니다. 우리가 지난 윤석열 정부 때 정부 연구개발R&D 예산 삭감으로 홍역을 앓았잖아요. 당시 삭감액이 5조 원쯤 됩니다. 예산 전체로 보면 얼마 안 되는 것처럼 보이지만, 그 돈이 어디에 쓰이느냐에 따라 굉장한 차이가 발생해요. 지금 중국이 인공지능을 비롯해서 정보통신 분야에서 비약적인 발전을 이루고 있습니다. 왜 그렇겠어요? 바로 정부의 연구개발 지원이 있었기에 가능한 일입니다. 그런데 정작 그들과 경쟁해야 할 우리가 예산을 줄인다는 것은 말이 안 되죠. 그래서 예산의 규모와 쓰임새를 보면 그 나라의 미래를 알 수 있습니다.

질문 하나 드리죠. 지금 스웨덴, 핀란드, 노르웨이 같은 북유럽 국가와 프랑스나 독일 등을 비교했을 때 어디가 복지 예산을 더 많이 쓸까요? 정답은 의외로 프랑스와 독일입니다. 북유럽 복지가 튼튼한 이유는 복지 예산을 정말 국민 복지를 위한 건지 아닌지를 면밀하게 따져서 사용하기 때문입니다.

스웨덴은 한때 조선업 강국이었어요. 그러다가 1970~80년대에 동아시아 국가로 주도권이 넘어오면서 많은 기업이 도산 위기에 처했습니다. 우리나라 같으면 '공적 자금' 풀어서 살려놓고 보겠죠. 말이 공적 자금이지 우리가 내는 세금입니다. 하지만 스웨덴은 일절 그런 지원이 없었어요. 기업 스스로 시장 예측을 못 해서 얻은 결과이니 경영에 대한 책임을 져야 한다는 원칙이 있습니다. 대신 일자리를 잃은 노동자들의 재교육, 직업 교육에 예산을 투입했습니다. 고용 보험 국가 보조금을 늘려서 2년 동안 원래 받던 급여의 80%를 지급했어요. 그러면서 중공업 중심이던 산업 구조를 개편해서, IT나 친환경 에너지 사업 쪽에 투자를 했어요. 예산을 알아야 미래를 알 수 있다는 슘페터의 말이 의미하는 바가 바로 이것입니다.

예산의 또 다른 기능-자원과 소득의 재분배

국가 예산의 두 번째 기능은 소득 재분배입니다. 세금을 소득에 따라 달리 매기고 지원은 가난한 사람에게 집중함으로써 불평등을 개선합니다. 이는 '시장의 실패'에 대한 보완이기도 합니다. 우리가 모든 걸 시장에 맡기면 어떤 문제가 생깁니까? 소득과 자원의 비효율적인 분배가 발생합니다. 경제학 용어로 '시장 실패Market Failure'라고 하죠. 대표적인 것이 바로 소득 불균형입니다. 버는 사람만 벌어요. 혹자는 "능력 있으면 더 벌 수 있으니까 좋은 거 아니에요?"라고 말할지도 모르겠지만, 이건 개인의 능력 차원이 아닙니다. 자본주의의 구조적 문제예요. 그렇게 될 수밖에 없는 태생적 한계가 있다는 뜻입니다. 과거 대공황이 그래서 발생했잖아요. 공장에서 엄청나게 물건을 만들어댔지만, 그걸 살 사람이 없었습니다. 돈이 없으니까요. 이런 걸 막으려고 국가가 개입하는 겁니다.

그렇다면 우리는 세금을 얼마나 내고 있을까요? 과거 노무현 정부 때가 22%였습니다. 이명박 정부 때 18%였다가 박근혜 정부가 20%로 올렸어요. 보수를 표방했던 박근혜 정부는 사실상 증세 정권이었어요. 이게 문재인 정부 때 22%대로 올랐다가 윤석열 정부가 들어서면서 확 내려갑니다. 나라마다 조세 부담률도 제각각입니다. 한국은 2024년 기준으로 17.7%인데, OECD 평균인 25%에 비하면 턱없이 낮은 수준이에요. 국민들이 100을 벌면 그중 17~18 정도를 세금으로 냈다는 뜻입니다.

문제는 그 원인이 법인세 삭감 등 부자 감세에 있었다는 거예요. 그래놓고 보니까 나라 예산이 줄어들죠. 써야 할 곳에 못 쓰는 일이 벌어집니다. 우리가 세금 많이 낸다고 오해들 하시는데, 북유럽은 조세 부담률이 40%까지 올라가요. 거기에 비하면 우리나라 세수는 상당히 부족한 수준이라고 할 수 있어요. 앞서 OECD 평균에 한참 못 미친다고 했는데요, 여기에는 멕시코나 폴란드처럼 경제 사정이 좋지 못한 나라도 포함돼요. 객관적으로 우리 수준을 알려면 OECD 36개 전체 나라가 아니라 주요 국가와 비교해야 합니다. 그래야 의미가 있어요.

걷힌 세금은 국가 예산이 됩니다. 이 돈을 어디에 어떻게 쓸지는 누가 결정할까요? 우리 헌법 제54조 1항은 "국회는 국가의 예산안을 심의·확정한다"고 규정하고 있어요. 뒤이어 2항에서 정부가 예산안을 편성한다고 밝히고 있습니다. 여기서 정부란 행정부, 즉 기획재정부(2026년 1월 2일 기획예산처와 재정경제부로 분리됨)를 뜻해요. 요약하면 편성과 집행은 기획

재정부가, 심의는 국회가 합니다. 보통은 국회가 나라 살림을 좌지우지하는 걸로 아는데 그렇지 않습니다. 예산을 심의해서 깎을 수는 있지만 단독으로 증액할 수는 없습니다. 그만큼 기획재정부 권력이 막강한 거예요.

예산의 세 번째 기능은 바로 '자원 배분'입니다. 참고로 지금까지는 '예산'이라는 말을 사용했는데요. 예산이 한 해 동안 쓰일 나랏돈의 수입과 지출을 의미한다면, '재정'은 나라 살림 전체를 의미합니다. 예산보다 포괄적인 의미라고 할 수 있습니다. 재정, 즉 나랏돈은 쓰임새가 정해져 있습니다. 아무 데나 사용해서는 안 된다는 뜻입니다. 기업은 수익이 있어야 투자를 할 수 있습니다. 장시간 투자가 필요한 분야는 웬만한 대기업이 아니고서는 나서기가 어려워요. 그래서 정부가 교육이나 연구개발 등에 재정을 투입합니다. 그 이익은 국민 다수에게 돌아가죠. 일종의 자원 재분배입니다.

예를 들어 임업이 그렇습니다. 나무는 자라는 데 시간이 걸려요. 장기적으로 투자를 해야 하는 산업입니다. 여기에 사기업이 투자를 할 수 있을까요? 그래서 각종 정부 연구소 등 산하 기관이 임업 관리와 연구 등을 하죠. 나랏돈으로 종자도 개발하고 나무도 사서 심으면서 각종 인건비를 지불합니다. 그리고 그 결과로 얻게 되는 부가 가치는 개인이 아닌 전 국민에게 공평하게 돌아가죠.

오늘날 우리나라 재정에서 교육이 차지하는 비중이 상당합니다. 1971년 교육재정교부금이 생긴 이래 지금까지 단 한 번도 국방 예산이 교육 예산을 능가한 적이 없습니다. 교육재정교부금은 정부에서 각 지방교육청으로 내려보내는 돈입니다. 이 돈으로 학교 설치와 운영 등에 들어가는 비용을 충당해요. 1971년이면 1인당 국민소득이 300달러가 안 됐을 때예요. 세계적으로도 가난한 나라에 속했습니다. 그런 상황에서 교육에 재정을 투입한 거예요. 지금도 100조 원이 넘는 돈이 교육 분야에 투입됩니다. 전 세계적으로 이런 사례가 드뭅니다. 그 결과 한국은 교육 강국이 되었고 교육은 오늘날의 발전에 이르게 하는 데 큰 동력이 되었습니다.

과거 코로나19 팬데믹을 겪으면서 재정 지출에 관한 새로운 인식이 생겼습니다. '경제가 안 좋을 때 정부가 돈을 풀어야 하는구나' 하는 사실을 깨닫게 되었어요. 당시 우리 정부의 지원금은 대부분 경기 활성화 명목이었습니다. 코로나19로 본 손해를 보전해준 건 딱 한 번이었어요. 나머지는 소비 쿠폰 형태로 지원되었습니다. 그것만으로도 경기 회복에 상당한 역할을 했어요.

이상으로 정부 예산의 기능 세 가지를 살펴보았습니다. 여기서 중요한 것은 올바른 선택입니다. 어떻게 쓰느냐에 따라 "밑 빠진 독에 물 붓기"가 될 수도, 자원을 효율적으로 배분하고 경제를 살리는 계기가 될 수도 있습니다. 필요한 곳에 잘 써야 해요. 정부 예산에는 여러 이해관계가 얽혀 있을 수 있습니다. 그래서 우리가 정부 재정 지출을 바라볼 때는 수문장의 눈으로 바라보아야 합니다.

수문장守門將은 말 그대로 문을 열 때와 닫을 때를 결정하는 사람이잖아요. 그만큼 판단력이 중요합니다. 또한 사람들을 설득하고 뜻을 모을 수 있는 리더십이 필요해요. '내가 대통령으로서, 시장으로서 이 돈을 쓰는 게 시민 복지 차원에서 맞나?' 이런 고민을 할 줄 아는 사람이 리더의 자격이 있는 거죠. 시민들 역시 수문장의 눈으로 그들을 감시해야 합니다.

집중된 예산 권력의 남용 사례

우리가 예산, 즉 재정을 잘 알려면 구조를 이해해야 합니다. 구체적인 수치까지 알 필요는 없어요. 일반 시민으로서는 '정부 예산 구조가 이렇구나. 교육이 차지하는 비중이 20%쯤 되는구나.' '지방세가 대충 이 정도 되는구나'면 충분합니다.

대부분 '예산' 하면 '회계'로 생각하시는데 그렇지 않습니다. 정부 예산은 '정책'이에요. 정책을 수치화한 게 예산이라고 생각하시면 됩니다. 그래서 액수가 많다면, 즉 숫자가 크다면 이 정부는 해당 정책에 관심이 많은 거고 거꾸로 작다면 관심도 적은 거예요.

예산은 결국 선택의 문제입니다. 어디에 돈을 쓰느냐, 하는 건데 여기에는 그 사회의 가치관이 반영돼요. 노벨경제학상 수상자인 제임스 헤크먼James Heckman은 이런 말을 합니다. "보육에 예산을 쓰면 16배의 투자 효과가 난다." 생각해보면 고개가 끄덕여지죠. 개인적으로 이를 실감한 적도 있습니다.

우리나라 보육원은 만 18세면 아이들을 사회로 내보냅니다. 그러면서 자립 정착금으로 일정 금액을 줘요. 지방자치단체마다 다른데, 대략 1000만 원에서 1500만 원쯤 될 거예요. 현실적으로 방 한 칸 얻기 어려운 돈입니다. 그래서 통계를 보면 이 친구들이 기초생활보장 수급자가 될 확률이 또래보다 18배가 높아요. 그래서 지원금을 현실화해야 하는데, 문제는 이들이 지원금을 관리할 능력이 부족하다는 거예요. 어린 나이에 큰돈을 만지면 허투루 쓸 수도 있잖아요. 그래서 생겨난 게 사회성과연계채권Social Impact Bond, SIB이라는 제도입니다. 성과가 있으면 돈을 더 주고, 없으면 적게 주는 방식이에요.

예전에 골드만삭스라는 큰 금융사가 뉴욕시에 2000억 원 정도 기부한 적이 있습니다. 범죄율을 줄이는 데 써달라는 거였어요. 그래서 각 지역 단체들이 이 돈을 갖고 환경 정비에 나섭니다. 낙서도 지우고 시설도 보수해서 결국 범죄율이 줄어들어요, 잠시였지만. 그래도 뭔가 할 수 있다는 걸 보여준 거죠. 이에 20%를 더 지급합니다. 이런 방식을 우리나라도 도입해요. 보육원을 나온 아이들을 5년 정도 돌보면서 심리적 안정감을 줍니다. 돈 관리하는 법도 가르쳐주면서 사회 정착을 도와요. 그랬더니 기초생활보장 수급자가 되는 비중이 확 줄어요. 이게 무슨 뜻이냐면, 기초생활보장 수급자 지원 예산 대신 보육원 아이들 정착금을 늘리는 게 효율적이라는 거예요.

이처럼 우리나라 예산은 파고들수록 복잡하고 어려워요. 일반 시민은 찾아보기도 어렵습니다. 그런데 예산 구조가 복잡할수록 누가 힘을 갖겠습니까? 당연히 이걸 잘 알고 있는 관료들이겠죠. 이들 외에 따로 전문가도 없어요. 사정이 이렇다 보니 권력이 관료들에게 집중됩니다.

국가 예산과 관련해서 주목할 부분이 또 하나 있는데, 바로 공공기관입니다. 우리가 보통 공공기관 하면 정부가 시키는 일 하는 데쯤으로 알고 있는데요. 그렇지 않습니다. 하는 일이 굉장히 다양하고 그 수도 어마어마해요. 2024년 기준으로 357개가 있는데, 이들이 보유한 재정 예산이 약 900조 원이 넘습니다. 한국전력공사, 국민연금공단, 한국도로공사 등 굵직굵직한 기관이 쓰는 돈만 해도 엄청나죠. 그런데 이쪽은 아무도 몰라요. 중앙정부보다 더 많은 돈을 굴리는 곳인데도 감시의 사각지대나 다름없습니다. 그러니 관료들이 눈치 안 보고 마음껏 돈을 주무릅니다. 지금 한국전력공사만 보더라도 자회사가 60개 정도예요. 퇴직한 관료들이 다들 한자리씩 차지합니다. 그러면서 나랏돈을 함부로 쓰는 일이 다반사예요. 자기들끼리 카르텔이 형성되어 있어 개혁을 어떻게 해야 할지 난감할 지경입니다.

그중에서도 가장 규모가 큰 공공기관은 어디일까요? 바로 건강보험공단입니다. 이쪽은 총수입이 100조 원 가까이 돼요. 우리가 내는 건강보험료가 주 수입원입니다. 물론 그만큼의 돈이 또 지출됩니다. 우리나라 의료 산업 규모가 200조 원이 넘습니다. 건설업이랑 비슷한 수준이에요. 우리 국민 국내총생산GDP 규모가 약 2600조 원이니까, 대략 버는 돈의 8% 정도를 의료비로 지출한다는 뜻입니다. 여기에 들어가는 돈도 잘 살펴보아야 합니다. 현재 우리나라 의사 수가 13만 명쯤 됩니다. 이들 평균 소득이 2022년 기준으로 4억 8000만 원이에요. 치과의사1억 5000만 원, 한의사1억 1000만 원보다 몇 배는 많죠. 그런데 그중에서도 가장 인기가 많은 데가 바로 피부과예요. 의대 졸업한 사람들이 너도나도 할 것 없이 피부과로 갑니다. 이유는 한 가지, 돈을 많이 벌기 때문이에요. 당연히 여기에 보험료를 쓸 필요는 없겠죠. 실제로 피부과는 국가에서 지원하지 않는 비급여 쪽 수입이 훨씬 많고요.

그런데 제가 국정기획위원회에 들어가서 살펴보니까 이상한 예산이 잡혀 있었어요. 외국 환자들이 피부과, 성형외과를 이용했을 때 부가세를 감면해주는 제도가 있더라고요. 1년에 1500억 원이나 예산이 잡혀 있었습니다. 바로 삭감했습니다. 자료를 보니까 비용 아끼려고 한국 피부과나 성형외과를 찾는 사람은 4%밖에 안 돼요. 나머지는 돈을 좀 더 내더라도 예쁘게 고치고 싶은 거예요. 우리나라 기술이 그만큼 좋다는 얘기입니다. 그러니 1500억 원 예산은 다른 데 쓰는게 낫겠죠. 아무튼 이런 맹점들을 잘 찾아야 합니다. 쉬운 일은 아니에요.

가끔 공공기관들 적자 본다는 이야기가 언론에 나옵니다. 그러면 사람들이 걱정해요. '저러다 큰일 나는 거 아니야? 국민 세금으로 만든 기관인데 계속 손해를 보다니.' 하고요. 하지만 정부 예산과 마찬가지로 이들 공공기관이 꼭 흑자를 내야 하는 건 아닙니다. 적자를 보더라도 가치 있게 필요한 곳에 쓰면 돼요. 그게 공공기관의 설립 목적에도 부합합니다. 그런데도 언론에서는 자꾸 흑자를 내라고 다그쳐요. 그러면 부작용이 생깁니다.

예를 들어, 토지주택공사가 임대주택을 짓잖아요. 그런데 결과가 별로예요. 지난 20년 동안 50년 이상 장기 거주한 가구 수는 딱 1000가구 늘었어요. 이 부분은 정부 통계랑 차이가 납니다. 이상한 일이죠? 우리가 뉴스를 보면 맨날 임대주택 짓는다고 하잖아요. 이유는 단기 임대가 많고 중간에 일반분향으로 전향하는 사례가 있기 때문이에요. 이렇게 정부는 물론 공공기관도 감시가 필요합니다.

버스 무료 요금제가 가능했던 이유

우리나라 지방 예산부터 한번 살펴보겠습니다. 우리나라 국세의 19.8%가 지방교부세입니다. 중앙정부가 거둬들인 세금의 약 5분의 1을 지역 광역시 등 지방자치단체에 나눠준다는 뜻입니다. 그리고 국세의 20.8%는 교육교부금입니다. 이

건 교육자치단체, 즉 지방교육청에 주는 돈이에요. 그런데 교육청마다 수입이 조금씩 다릅니다. 지방자치단체에서 주는 돈이 따로 있거든요. 법정 전입금이라고 해서 법으로 정해져 있어요. 서울시는 10%, 경기도와 광역시는 5%, 기타 지역은 지자체에서 각 교육청에 3%를 줘야 합니다. 그런데 서울은 시의회에서 2%를 더 얹어주기로 해서 총 12%를 줍니다. 그래서 서울시교육청이 제일 돈이 많아요. 비법정 전입금이라고 해서 법으로 정하지는 않았지만 자치단체에서 학교에 주는 돈이 또 있습니다.

중앙에서 지방으로 가는 돈이 있어서 재정자립도가 낮은 지자체도 예산을 채울 수가 있습니다. 또 지방은 인구가 적기 때문에 1인당 투입되는 예산이 그렇게 적다고 볼 수도 없고요. 그래서 예산 총액보다는 어디에 쓸 것이냐 하는 문제가 중요합니다.

버스 공영화를 예로 들어보겠습니다. 지금 서울을 비롯한 광역시는 대부분 준공영제입니다. 운영은 버스 회사가 하고 적자를 시 예산으로 보전해주는 방식이에요. 그 돈이 서울만 9000억 원쯤 됩니다. 그런데 지난 2013년 신안군이 전국 최초로 버스 공영제를 시행해요. 당시 신안군수가 내무부 공무원 출신이었습니다. 보니까, 주민이 4만 7000명인데 버스 회사만 14개예요. 1년에 적자 보전에 들어가는 돈이 45~50억 원 정도 됐어요. 그래서 이분이 이들 회사를 15억 원에 인수합니다. 공영버스 회사로 재편하고 기사들을 채용해서 운영하는데, 첫해에 20억 원 적자를 보다가, 둘째 해는 흑자로 전환합니다. 자신감이 생긴 군수는 과감하게 부분 무료화를 시도해요. 19세 이하 60세 이상은 공짜로 타게 합니다. 다시 적자가 20억 원이 됐지만, 군민들 반응이 너무 좋아요. 지금은 제주 서귀포시와 전남 완도, 강원도 정선, 경기 광주·화성 등지에서 공영제를 시행하고 있어요. 청송군은 3년 전에 요금도 받지 않는 무상화를 했고, 2025년 들어 문경시가 무상화를 했습니다. 어차피 돈 들어갈 거 주민들 좋은 일에 쓰자고 판단한 거예요.

그럼 지방자치단체의 세수는 어디서 올까요? 크게 보면 앞서 말씀드렸던 국세에서 넘어오는 부분이 있겠고요. 다음으로 직접 징수하는 지방세가 있습니다. 지방세는 대표적으로 재산세가 있습니다. 주택을 사고팔 때 내는 취득세, 자동차세도 지방세예요. 등록면허세는 재산권 등록이나 각종 인허가에서 나오는 세금입니다. 그리고 지방소득세와 지방교육세가 있습니다. 지방소득세는 국세인 소득세와 별개로 관할 지자체로 납부하는 세금이에요. 지방교육세는 앞서 지방세 납

제한의원
SQUARE
소개소
신원 대모집 T.243-8897
역전직 소개소
귀로다방
로다방
올바른 교통문화,
전남도민의 생명과 자존심을 지킵니다
신

신안군 공영버스의 모습.

세 의무자에게 부과되는 세금이에요. 문제는 지방 인구가 줄면서 바로 이 지방세 수입이 줄어들고 있다는 점이에요.

그래서 지방에 부족한 돈을 메워주는 게 중앙에서 보내는 교부세입니다. 앞서 지방교육청에 보내는 건 교부금이었습니다. 그런데 이번에는 교부세예요. 왜냐하면 교육이라는 목적이 정해져 있어서 '금'이 붙는 거고, 교부세는 일단 나눠줄 테니 알아서 쓰라는 개념이라서 '세금' 즉 '세'가 붙습니다. 교부금·교부세는 우리나라에만 있는 게 아닙니다. 영국과 독일도 상당 액수의 교부세를 중앙에서 지방으로 보냅니다. 다만, 우리나라는 이 결정을 행안부 공무원들이 하고, 독일이나 영국은 의회가 합니다. 매우 큰 차이죠.

우리나라 지방교부세 산정 기준이 여러 개 있습니다. 그중 몇 개를 보면, 1순위가 '면적'이에요. 2순위는 인구, 3순위 도로, 4순위 자동차 수예요. 그러니 지방자치단체로서는 어떻게든 도로를 넓히고 자동차 수를 늘려야 하는 거예요. 이건 시대착오적입니다. 과거 개발독재 때의 시스템이 계속 가고 있는 거예요. 충분히 바꿀 수 있습니다. 예컨대 공공의료를 기준으로 교부한다면, 당연히 지자체가 그런 노력을 하겠죠. 그래서 지금까지 지방 재정에 관해 살펴보았고요. 다음으로 중앙정부 예산을 보겠습니다.

677조 원 예산의 열두 가지 지출 항목

2025년 정부 예산 기준으로 총수입이 651조 원이고, 지출이 677조 원입니다. 26조 적자입니다. 그래서 보통은 국채를 발행합니다. 빚을 내는 거죠. 여기서 우리가 알아야 할 것이, 국채가 꼭 나쁜 것만은 아니라는 겁니다. 왜냐하면 물가가 매년 오르고 대신 돈의 가치는 그만큼 떨어지잖아요. 그러니까 국채 자체는 부담이 별로 없다. 다만 이자를 갚을 능력이 문제라는 겁니다. 그래서 국가 채무의 핵심은 액수가 아니라 국민총생산GDP 대비 비율입니다.

현재 우리나라 국가 채무는 1277조 원으로 GDP 대비 48% 수준입니다. 굉장히 큰돈이지만 우리가 1년에 버는 돈이 그 두 배인 2500조 원이 넘어요. 그 돈을 당장 갚는 것도 아니고 매년 이자를 내면 됩니다. 충분히 그럴 능력이 되죠. 이 정도면 OECD 주요국 중에서도 최저 수준입니다. 그러니 너무 걱정할 필요 없다는 점을 강조하고 싶어요. 우리가 주목할 것은 '적자'라는 사실이 아니라 어디에 쓰고 있느냐, 즉 지출 항목입니다. 예산안에 보면 12개 분야가 있는데요. 첫 번째가 보건·복지·고용입니다. 작년 대비 3% 증가했어요. 어찌 보면 당연한 결과입니다. 물가 인상분이 반영되어야 하니까요.

두 번째가 교육입니다. 약 98조 원이 배정되었습니다. 교육청에 주는 돈이 80조 원 정도고, 나머지 18조는 대학 등에 보냅니다. 지금 대학생들이 내는 등록금 70%를 국가장학금으로 지원하고 있어요. 전체 90%가 지원 대상입니다. 예전처럼 학자금 대출 때문에 힘들다는 이야기가 덜 나오는 이유입니다. 대출 이자도 1.7%로 그전보다 낮아졌어요. 고양시 같은 지자체는 이 중 일부를 부담해주고, 안산시는 100만 원씩 지원해 준다든가 화천군은 등록금을 전부 내준다든가, 하는 복지 정책도 나오고 있습니다. 제가 계산을 해보니까, 대학생 수가 줄었기 때문에 4~5조 원 예산을 더 쓰면 전체 무상 교육이 가능해요. 국·공립대학만 대상으로 하면 3조 원이면 됩니다. 그렇게 해서 지역마다 대학 하나씩을 키우면 어떨까 하는 생각이에요.

세 번째는 문화·체육·관광입니다. 문화 시설을 만들거나 각종 축제를 개최할 때 예산이 들어요. 여기에 8조 정도 배정됩니다. 상대적으로 큰돈은 아니지만 중요한 역할을 합니다. 지금 K-컬처 영향으로 관광객이 급증하고 있어요. 잘하면 2500만 명에 이를 것으로 추정합니다. 외국으로 나가는 사람이 2024년에 2800만 명 정도 되었으니 거의 비슷해진 거죠.

네 번째 환경 분야는 보통 '자연 보호'쯤으로 오해할 수 있는데, 그보다는 각종 시설물과 관련이 있습니다. 상하수도와 하천 관리 등이 여기에 해당해요.

다섯 번째가 연구개발비입니다. 이 분야는 주체에 따라 대학과 기업으로 나뉘는데 국가 지원이 들어갑니다. 미래를 생각하면 더 늘려야 될 듯해요.

여섯 번째로 산업·중소기업·에너지입니다. 산업단지 조성이나 기업들 무역 지원, 중소기업 지원, 에너지 관리 등에 쓰이는 돈입니다.

일곱 번째 사회간접자본SOC은 도로, 철도, 항만, 공항 등을 건설하고 유지 보수하는 비용입니다. 참고로 우리나라에 공항이 72개가 있어요. 생각보다 많죠. 그중에 한국공항공사가 관리하는 데가 14개입니다. 김포, 김해, 제주의 공항을 빼고 나머지 11군데는 적자예요. 그런데도 자꾸 공항을 짓자고 하는데 비효율적이에요.

여덟 번째로 농림·수산·식품이 있습니다. 우리나라 GDP에서 이쪽 생산량이 돈으로 따지면 50조 원 정도입니다. 그런데 2024년 기준으로 수출액이 무려 15조 원이었어요. 이중 가장 많이 차지한 품목이 바로 김입니다. 무려 1500억 원이나 되었어요. 그 뒤를 라면과 참치 가공식품이 잇고 있습니다. 식품 분야 수출이 해마다 30%씩 증가하고 있어서 이 부분은 투자 대비 효과가 좋습니다.

아홉 번째로 국방은 61조 원 정도 배정됩니다. 우리나라가 휴전 상태고 늘 전투 준비가 돼 있는 나라인데 거기에 비하면 상대적으로 적은 돈이죠. 아마도 의무 복무 때문인 거 같아요. 군인 월급을 좀 더 올려야 한다고 봅니다.

열 번째가 외교·통일 분야입니다. 여기에는 해외 원조 사업ODA 비중이 커요. 해외 원조에는 무상 원조와 유상 원조가 있습니다. 무상은 외교부에서 하고 유상은 돈을 빌려주는 것이니 기획재정부에서 관할합니다. 그런데 왜 원조냐 하면 빌려주긴 하는데 받을 생각을 별로 안 해요. 금융기관이 빌려준 것처럼 했으면 원조라는 말을 쓸 수가 없죠. 잘 되면 갚고, 안 되면 기다리고 하는 식입니다. 이자는 조건에 따라 달라서 붙는 것도 있고 없는 것도 있어요. 전 세계에서 원조받다가 원조 주는 나라가 된 건 대한민국이 유일해요. 이렇게 된 데는 고급 인력 양성이 큰 역할을 했습니다. 보통은 외국 나가서 공부시키면 다시 안 돌아와요. 인도 유학생들만 봐도 열심히 공부해서 실리콘밸리에 정착할 생각을 합니다. 그런데 과거 어려웠던 시절에, 외국에서 공부한 우리나라 유학생들은 70%가 돌아왔어요.

열한 번째는 공공 질서·안전 분야입니다. 경찰력을 유지하는 돈이 여기서 나갑니다. 참고로 우리나라 경찰 인력이 15만 명 정도 돼요. 그러면 이 돈은 잘 쓰이고 있을까요? 우리나라 범죄율을 보면 압니다. 각종 범죄 발생률이 다른 나라보다 상당히 적어요. 우리나라에서 한 해 동안 일어나는 살인사건이 600건 정도 됩니다. 미국이 4만 5000~5만 건이에요. 그만큼 예방 및 관리가 잘되고 있는 겁니다. 그런데 우리는 늘 불안하죠. 왜 그럴까요? 작은 사건 하나도 전 국민이 알게 되기 때문입니다.

마지막 열두 번째는 일반·지방행정과 지자체에 주는 돈입니다. 이들 열두 항목은 저희가 면밀히 살피는데요. 예산을 볼 때, 일단 수치를 먼저 보고 감사원 자료를 확인합니다. 의무 공개이기 때문에 시민 누구나 열람 가능해요. 홈페이지에 가서 우리 지역으로 검색하면 나옵니다. 국회에서도 많은 보고서를 뉴스레터로 보내줍니다. 한국개발연구원[KDI] 자료도 뉴스레터로 받아볼 수 있어요. 매일 아침 10시 반에 각종 정부 통계 자료를 연구소로 보내옵니다. 신청만 하면 돼요. 저희 나라살림연구소에서도 받아보실 수 있어요. 그런데 이런 자료들은 우리가 다 일일이 처음부터 끝까지 살펴보기는 어렵습니다. 다만 우리 세금이 이렇게 쓰이는구나, 하고 감을 잡으실 수 있을 거예요.

지역 예산 차별이라는 흔한 거짓말

〈사회조사〉 보고서도 국가 예산과 관련한 주요 자료입니다. 이건 법률에 의해서 지방자치단체가 해마다 작성하게 되어 있어요. 주민이 원하는 게 무엇인지 정책 조사를 해서 그 결과를 공개하는 겁니다. 이와 관련해서 제가 10여 년 전에 전라남도 주민의 욕구 조사를 한 적이 있습니다. 앞서 말씀드린 예산 항목 12개를 물어보았어요. 도로나 철도는 4등이었고 복지는 3등이었어요. 교육이 두 번째, 2등이었습니다. 다른 지역에 비해 인구는 적어도 기본적으로 교육에 나랏돈을 써야 한다는 생각이 있었던 거예요. 그렇다면 1위는 무엇이었을까요? 놀랍게도 '문화'였습니다. 그래서 전라남도에서는 이걸 참고해서 군 지역에 작은 영화관을 15개 만들었습니다. 코로나19 이전까지 전부 흑자였어요. 제주도 예산도 컨설팅한 적이 있는데요. 그쪽 예산이 7조 원쯤 되는데 산업도로 건설에만 해마다 5000억 원이 들어간다는 거예요. 그래서 〈사회조사〉 보고서를 확인했더니 주민들은 도로 건설을 별로 원하지 않아요. 이걸 근거로 예산을 삭감한 경험이 있습니다.

〈사회조사〉는 예산이 쓰여야 할 방향을 알려줘요. 경기도 동두천시의 경우 65세 이상 주민의 지역 행선지를 조사한 적이 있습니다. 어디를 자주 가나, 보니까 서울이 예상외로 3등이에요. 월 1.8회였습니다. 경기도는 월 1.9회로 2등입니다. 가장 많이 가는 곳은 인천이었어요. 거리는 있어도 지하철이 무료니까 거기에 가서 구경도 하고 음식도 먹는 거예요. 이런 유의미한 결과가 조사를 통해 나옵니다.

이런 보고서에는 고독사 사례도 포함됩니다. 한 해에 3500명이 고독사로 사망하는데요. 연령대로 보면 50대 남성이 가장 많습니다. 약 1500명으로 30~40% 정도나 됩니다. 자살이 아닙니다. 대부분 아사예요. 굶어 죽습니다. 그래서 이걸 바탕으로 제가 사는 서울 강북구는 혼자 사는 50대 남자에게 매일 전화합니다. 이런 내용들을 지방자치단체에서 발간하는 〈사회조사〉를 통해 확인할 수 있어요.

예산 관련해서 좀 더 깊이 공부하고 싶은 분은 정책연구관리PRISM가 참고할 만합니다. 정부 공식 사이트로 중앙 및 지방 공공기관의 학술 연구 용역보고서를 확인할 수 있어요. 검색 창에 버스, 교육, 경비보조금 등을 써넣으면 관련 보고서가 나옵니다.

우리 예산 원칙상 지역 소외는 없습니다. 경제적으로는 낙후되었을지 몰라도 예산은 골고루 돌아갑니다. 법으로 그렇게 되어 있어요. 일부 국회의원들의 '특별히 예산을 따왔다'

는 말도 성립하지 않아요. 돌아가면서 주는 거예요. 특별교부세라고 해서 중앙정부에서 지자체에 보조금 형식으로 줍니다. 보통 5년에 한 번씩 돌아가요.

지역 예산 관련해서 요즘은 지역 내 총생산GRDP을 중요하게 봅니다. 우리나라 17개 광역시 중에서 GRDP가 가장 높은 곳은 울산입니다. 다만 그 돈 절반 이상은 서울로 빠져나가요. 3분의 1 정도는 대구에 갑니다. 지역에서 대형마트가 벌어들인 돈이 서울로 가는 것과 마찬가지입니다. 그래서 울산 지역 주민의 가처분소득은 높지 않아요.

참고로 말씀드릴 것이, 연령대로 보면 우리나라에서 가장 많은 인구가 태어난 해는 1971년입니다. 공식적으로 그래요. 그해에 무려 102만 명이 태어납니다. 집계 이후 최고였어요. 예전에 유행했던 드라마 〈응답하라 1988〉의 주인공들이 1971년생인 이유가 여기에 있습니다. 그리고 통계적으로 돈을 가장 많이 쓰는 나이가 46세라고 합니다. 드라마가 나온 해가 2015년이니 딱 그 무렵이죠. 한 편의 드라마를 만들 때도 이렇게 치밀하게 연구합니다. 수십 조의 돈이 오가는 예산이라면 더 열심히 수요를 조사해야겠죠.

예산을 아는 만큼 우리 삶은 달라진다

주민들의 욕구를 정확히 알려면 행간도 읽을 수 있어야 해요. 예전에 강원도 모 지역에서 주민 상대로 수요 조사를 했더니 교량 건설 요구가 가장 많아요. 그래서 380억 원을 들여서 다리를 놓습니다. 유지 관리비가 해마다 10억 원이 넘게 들어갑니다. 그래서 제가 다리를 허물라고 조언했어요. 차라리 그 돈으로 마을 기금을 만들면 세계 최고의 복지 마을이 될 거라고 했습니다. 문제는 정작 주민들이 아무도 동의하지 않는다는 거였어요. 그분들 마음은 지속 가능한 발전이 아니었습니다. 땅값이 오르면 팔고 서울로 이사 가고 싶어 했어요. 실제로 한 5년 안에 인구가 절반으로 줄었어요. 결과적으로 예산을 낭비한 사례가 되었죠. 이를 피하려면 장기적으로 예산 투입의 효과를 면밀히 분석해야 합니다. 주민 욕구는 물론 환경적 요인도 보아야 해요. 같은 항목으로 예산을 써도 지역마다 그 결과가 다를 수 있기 때문입니다. 이 부분을 잘 분석해서 성공한 사례를 몇 군데 소개해드리겠습니다.

2023년도에 충남 서천에서 희망택시 사업을 합니다. 버스를 이용하기 어려운 지역 주민들이 100원만 내면 이용할 수 있게 했어요. 나머지 요금은 지자체에서 부담합니다. 이게 유명해져서 〈뉴욕 타임스〉에도 소개되었어요. 그러자 아산시에서도 이 사업을 벌입니다. 그런데 서천과 달리 적자가 커져요. 서천에서는 버스를 줄이는 대신 희망택시를 운행했고, 아산은 버스는 버스대로 다녔기 때문입니다. 사람들이 버스를 안 타니까, 그만큼의 손실을 시에서 보전해야 했습니다.

지자체에서 직접 예산을 투입하는 대신 지역 사정을 잘 아는 협동조합을 지원하는 것도 방법입니다. 강원도 백담마을의 경우 마을 주민 30여 명이 돈을 모아 버스 운영권을 인수한 사례가 있어요. 20년 가깝게 성공적으로 운영하고 있습니다. 버스 15대, 직원 25명인데 평균 연봉이 4000만 원가량 됩니다. 그리고 1년에 4개월은 운행하지 않아요. 눈이 많이 오면 움직일 수가 없습니다. 그래도 순이익이 15억 원씩 나와요. 그 돈은 마을 사업에 재투자합니다. 아이들 교육비 보조하고 귀촌 사업 등을 벌여요.

첨단 교육을 주제로 한 EBS 다큐멘터리에 소개된 학교가 있습니다. 충청북도 진천군 초평리에 있는 작은 학교인데요. 교실에서 가상현실VR 등 첨단 장비로 아이들을 가르쳐요. 다른 사람이라면 '와, 정말 좋은 학교' 하고 끝났겠지만 저는 직업상 돈의 출처가 궁금합니다. 그래서 추적을 해보았어요. 그랬더니 지역에 쓰레기 매립장을 설치하는 대신 1년에 10억 원 이상의 지원금을 받고 있었어요. 그 돈을 교육에 투자한 겁니다. 그렇게 해서 폐교 직전에 있던 학교를 살립니다. 유명해지니까 도시에서 전학을 와요.

예산 관련해서 마지막으로 말씀드릴 것은 바로 '여론'입니다. 예산에는 정치적, 행정적 측면이 있어요. 시민들의 지지를 받아야 하고 필요한 절차를 준수해야 합니다. 정치인들은 여론에 민감해요. 그래서 여론전, 즉 시민들의 연대와 지지가 중요합니다. 일회성으로 끝나서는 안 돼요. 이와 관련해서 장애인 단체의 활동을 참고할 만합니다. 15년 전쯤에 장애인 단체에서 우리 연구소를 찾아와 예산 관련 교육을 받은 적이 있습니다. 서울 25개 구 중에 어느 구가 장애인 예산을 많이 쓰는지, 에스컬레이터는 어디가 잘 설치되어 있는지 등을 확인했습니다. 그렇게 확보한 객관적인 지표를 들고 요구하니까 지자체도 외면하기 어려웠습니다. 실제로 예산이 어디에 어떻게 쓰이는지를 알면 반은 이긴 싸움입니다. 권력이 제일 싫어하는 게 기억하는 자들과 연대하는 자들이에요. 나쁜 일은 한 번으로 끝나지 않거든요. 역사를 기억해야 재발을 막을 수 있습니다. 연대도 마찬가지예요. 사람과 사람을 나눠서 서로 싸우게 하는 게 권력자들의 특징입니다. 이걸 깨는 게 바로 연대예요.

참고로 아까 울산이 자치구 중에 가장 소득이 높다고 했잖
아요. 그런데 평균 수명이 서울과 비교했을 때 5년이나 차이
가 납니다. 요인 중 하나가 공공의료의 부재입니다. 울산에는
공공의료원이 한 군데도 없어요. 이런 사실을 정리하고 계속
환기해나가면서 요구해야 해요. 코로나19 팬데믹 때 공공의
료가 한창 이슈화되었습니다. 지금은 그때만큼 여론이 높지
않아요. 반복적으로 필요한 일을 여론화해야 합니다. 우리나
라는 세계 10대 경제 강국이고, 그만큼 많은 돈이 각종 사업
에 투입되고 있습니다. 이를 주관하는 관료들을 견제하고 법
과 제도를 고쳐나가야 해요. 국가 예산은 개인의 삶과 밀접한
관계에 있습니다. 아는 만큼 우리 삶은 나아집니다.

7장

모든 국민이
가난하지 않을 수 있을까?

이상민

이상민

참여연대 활동가, 국회 보좌관을 거쳐 나라살림연구소 수석연구위원으로 중앙정부와 지방정부의 예산서, 결산서 집행 내역을 매일 업데이트하고 분석하고 있다. 정부의 재정 및 경제 관련 정책이 법제화되는 전 과정을 추적하고 분석하는 업무를 천직으로 여기는 칼럼니스트이다. 쓴 책으로 『경제 뉴스가 그렇게 어렵습니까?』가 있다.

여러분과 오늘 돈 이야기를 나눌 텐데요. 어쩌면 세상에서 제일 쉽고 재미있으면서도 필요한 이야기라는 생각이 듭니다. 제가 보통 이렇게 말씀드리면, '재테크 강의하러 왔나?' 하면서 눈이 반짝입니다. 그러다 나랏돈 이야기라고 정정하면 '나랑 무슨 상관이지?' 하면서 금세 외면해요. 그러면 저는 나랏돈, 즉 예산이 우리의 삶에 얼마나 영향을 미치는지 말씀드립니다.

우리는 '정부' 하면 '정치'부터 떠올립니다. 선거, 투표로 정부를 이끌 리더를 뽑고 그걸 대단히 큰 이슈로 생각해요. 한편 경제는 그와는 별개의 영역으로 여깁니다. 정치는 정부가 하고 경제는 기업이나 시장이 주관한다는 관념이 있어요. 하지만 제 생각은 다릅니다. 정치와 경제는 동전의 양면이에요. 예컨대 경제 선진국들은 정치 제도가 잘 정비되어 있어요. 그 결과 시장 효율성이 좋고 여기서 부의 창출이 이루어집니다. 거꾸로 정치가 혼란한 나라는 경제 기반이 허술할 때가 많습니다. 시장이 잘 돌아가려면 정치, 즉 정부가 제대로 운영되어야 해요. 제가 오늘 말씀드릴 '예산'이 바로 이러한 경제와 정치의 관계를 잘 보여줍니다.

2024년 12월 3일에 불법 계엄 사태가 터집니다. 당시 제가 깜짝 놀란 건 여론조사 결과였어요. 전 국민의 3분의 1 정도가 계엄에 찬성합니다. '도대체 왜 그럴까?' 의문이 생겼죠. 민주주의보다 군사 독재를 지지해서는 분명 아닐 테니까요. 그랬다면 지금도 군인 출신 대통령이 지배하고 있었겠죠. 그렇다면 원인이 뭘까? 나름대로 가설을 세워보았습니다.

민주화가 밥 먹여준다

과거 군사 독재 시절 우리나라 경제 성장률이 무척 높았습니다. 1970년대만 해도 10%대를 넘나들었으니까요. 요즘은 그만큼 못합니다. 겨우 1~2%대예요. 그래서 사람들이 향수를 느끼는 건 아닐까? 정치는 몰라도 경제는 한정된 자원을 효율적으로 배분하는 권위주의 정부가 낫지 않을까? 민주주의는 사공이 많아 배가 산으로 가기 쉬우니 똑똑한 권위주의 정부가 더 잘할 수 있지 않을까? 혹시 이런 생각에 계엄을 지지한 건 아닐까 하는 생각이 들었어요. 하지만 이는 사실과 배치되는 명백한 오해입니다. 그래서 이에 대한 설득이 필요하겠다 싶었습니다.

과거 우리나라는 당장 끼니를 걱정해야 하는 후진국이었습니다. 하지만 지금은 그렇지 않죠. 세계에서 손꼽히는 경제력을 가진 선진국이 되었어요. 보통 이렇게 말씀드리면 "우리나라가 선진국이 맞아?" 하며 의문을 가지는 분들이 많아요. 그러면서 "인권? 복지? 아직은 때가 아니야" 합니다. 하지만 각종 경제 지표를 보면 한국은 선진국이 맞아요.

정치 체제를 보면 과거에는 군사 독재 국가였다가 지금은 민주주의 국가가 됐습니다. 언제부터 민주주의 국가가 되었을까요? 아시다시피 우리나라가 민주주의 국가가 된 때는 1987년도 민주 헌법 제정 이후부터입니다.

그럼 언제부터 우리나라가 후진국을 벗어나게 되었을까요? 이건 어렵죠? 우리나라가 후진국을 벗어나게 된 해도 마찬가지로 1987년입니다. 1987년도에 세계적으로 1인당 국민총생산GNP 평균인 나라가 바로 아프리카의 가봉이었어요. 여기를 넘어선 해가 딱 1987년입니다. 그전에는 가봉보다 가난했다는 뜻이에요. 6월 항쟁에 이어 민주 헌법이 제정된 바로 그해에 후진국을 벗어났다는 건 우연이 아닙니다. 민주주의가 정립되면서 임금 상승이 본격화되었습니다. 노동자들이 노동조합을 조직하고 저임금에서 벗어나기 위해 투쟁했어요. 그 결과 임금이 현실화되면서 1인당 GNP가 높아졌습니다.

후진국이 중진국이 되는 것은 어렵지 않습니다. 세계사적으로 그런 나라가 매우 많아요. 해외에서 차관 빌려서 사회간접자본에 투자하면 누구나 후진국은 벗어날 수 있어요. 예를 들어, 고속도로를 건설하면 수요가 생기면서 내수가 좋아집니다. 건설이 끝나면 물류비용이 줄어들면서 물가가 싸집니다. 물가가 싸지면 소비가 늘고 소비가 늘면 생산이 늘어요. 이런 순환 사이클을 계속하다 보면 금세 중진국이 됩니다. 물론 차관 빌려다가 사회간접자본에 투자하지 않고 자기들끼리 나눠 갖는 나라도 있습니다. 그런 나라는 당연히 후진국 신세를 면하기 어렵죠.

문제는 그다음 과정입니다. 중진국에서 선진국이 되는 것은 너무도 어려워요. 고속도로 건설만 갖고는 안 돼요. 이른바 '중진국 함정Middle-Income Trap'입니다. 개발 도상국이 경제 발전 초기에는 빠르게 성장하다가 중진국 수준 도달 후 성장이 장기간 정체되는 현상을 말하는데요. 세계은행이 2006년 〈아시아 경제발전 보고서〉에서 처음 제시한 개념입니다. 일반적으로 1인당 소득이 4000~1만 2000달러 범위에 속한 국가들로, 저임금 노동력을 기반으로 성장했지만, 고부가 가치 산업으로의 전환에 실패하면서 선진국의 문턱을 넘지 못해요. 자력으로 1인당 GDP 기준으로 3만 달러를 넘기려면 특별한 무언가가 필요합니다. 그런데 낙타가 바늘구멍에 들어가기보다 어려운 그 일을 바로 우리나라가 해낸 겁니다. 1987년 민주화 때 중진국이 되었다가 중진국 함정을 벗어나서 선진국이 된 것은 민주화 이후입니다. 민주화를 기점으로 중진국에서 선진국으로 도약합니다. 1인당 GDP 같은 양적인 측면뿐만 아니라 질적인 다른 데이터들도 이를 입증하고 있어요.

GDP 대비 연구개발비를 보면 1998년 IMF 때만 해도 우리나라는 OECD 평균 이하였어요. 지금은 이스라엘과 더불어 세계 최고 수준입니다. 인구 대비 연구자 수는 세계 1위예요. 한국이 고도의 지적知的 국가가 되었다는 뜻입니다. 모두가 민주 정권이 들어선 1998년도 이후 2000년대에 벌어진 일이에요. 정치적으로 수평적 정권 교체가 되니 관치 금융과 정경 유착이 줄어들었기 때문입니다. 개발 독재 시절에 경제가 좋았고, 민주주의 이후에 경제가 안 좋았다는 속설이 완벽히 잘못되었음을 여러 양적, 질적 지표가 보여주고 있습니다.

실패한 시장 경제와 국가의 개입

그럼 민주화 이후에도, IMF 극복 이후 2000년대에도 경제가 좋았다면 언제부터 경제가 안 좋아졌을까요? 코로나19 팬데믹 이후부터 경제가 어려워졌을까요? 코로나19 발발 직전인 2019년부터 2022년도까지 우리나라의 경제 성장률은 6.7%, 미국이 6.4% 그리고 OECD 평균은 5.1%였습니다. 문재인 정부 시절2017~2022년 5년간 12.7% 성장했을 때 OECD 평균 9.5%는 물론 미국 12.4%보다도 좋았어요, 그러던 성장률이 윤석열 정부가 들어선 2023년부터 2025년 사이에 역전됩니다. 3년간 우리가 4.5%로 미국7.4%과 OECD 평균5.1%을 밑돌았어요. 불과 2~3년 만에 그렇게 된 겁니다. 저는 최근 경제 성장률 하락이 정치와 밀접한 관계가 있다고 생각합니다.

왜 우리는 돈에 지배당하는가?

1970년 이후부터 지금까지 50년이 넘는 시간 동안 우리나라의 경제 성장률이 일본보다 낮았던 적이 딱 네 번입니다. 첫 번째가 1972년입니다. 바로 박정희의 유신 쿠데타가 있었던 해죠. 두 번째가 1980년입니다. 전두환 신군부 쿠데타가 있었고요. 세 번째가 1998년 IMF 때입니다. 마지막으로 네 번째가 윤석열 정부가 들어선 2023년이에요. 우연이 아니죠. 쿠데타와 IMF는 납득이 갑니다. 그런데 윤석열 정부 때는 무슨 일이 있었던 걸까요? 경제 위기가 처음은 아니죠. 2020년 경제 위기는 코로나 위기, 2008년 경제 위기는 금융 위기, 1997년 경제 위기는 IMF 경제 위기라고 합니다. 그런데 2023년 이후 현재까지 경제 위기는 이름도 없어요. 저는 2023년 이후 경제 위기를 "정부 재정 위기"라고 명명합니다.

우리나라 정부는 보통 민간 소비가 줄면 정부 지출 늘려서 경기를 부양해왔어요. 민간 소비가 올라가면 거꾸로 정부 지출을 내려서 경기 변동성을 완화했죠. 지난 수십 년간 그렇게 해오다, 윤석열 정부가 들어선 2023년부터 민간 지출 증가율이 떨어졌는데 정부 지출 증가율이 이보다 더욱 떨어졌어요. 국가가 경기를 부양하지는 못할망정 민간 소비를 적극적으로 억제한 거예요. 굉장히 독특한 일이 이 시기에 벌어집니다. 당시 추경 예산 편성을 안 했어요. 추경이라는 게 정부에서 돈을 더 쓰자는 거잖아요. 그렇게 해서 민간 소비를 진작하자는 이야긴데 이걸 반대합니다. 이전 문재인 정부는 매년 추경을 했기 때문에 이번 정부는 추경을 안 하겠다는 겁니다. 경제 논리가 아닌 정치 논리에 따른 겁니다.

더욱 놀라운 사실은 2023년도에 국회가 심의·확정한 본예산이 639조 원이었습니다. 그런데 행정부가 임의로 추경은 물론 국회가 확정한 본예산조차 지출하지 않은 거예요. 우리 헌법이 규정한 바를 정면으로 위배한 사항입니다. 특히, 지방정부에 주어야 하는 교부세와 교부금을 지출하지 않겠다고 폭탄선언을 해요. 이미 국회에서 여야 합의로 확정한 교부세를 행정부가 임의로 지급 안 하겠다고 했습니다. 법적으로 그럴 권한이 없는데도요. 이와 같은 사례에서 제가 말씀 드리고자 하는 바는 정치와 경제는 떼려야 뗄 수 없다는 점입니다.

경제사적으로 전 세계 재정 정책에 큰 영향을 끼친 사건이 둘 있습니다. 하나는 1991년도 소련연방 해체입니다. 당시 사회주의가 몰락하자 계획 경제처럼 정부가 개입하는 경제 체제는 비효율적이라는 생각이 널리 퍼집니다. 대신 시장에 맡겨놓으면 모두가 다 잘살게 될 거로 생각해요. 그래서 여러 나라에서 GDP 대비 정부 지출 규모를 크게 줄이죠. 그러다 두 번째 사건인 2008년 금융 위기를 만납니다. 시장에 맡겨졌더니 다 같이 망하게 생긴 거예요. 정부가 개입할 수밖에 없는 상황이 됩니다. 이때부터 거꾸로 정부 지출 규모가 크게 늘었어요. 최근에는 코로나19 팬데믹 사태로 또 한 번 정부 개입의 필요성이 커집니다.

과거 노벨경제학상 수상 연구나 IMF 보고서를 보면 '불평등' 얘기가 별로 없었습니다. 그러다 2008년도 이후 정부의 개입을 요구하는 진보적인 경제 이론들이 쏟아져나와요. 주류 경제학의 태도가 바뀐 겁니다. 이게 대체적인 오늘날 흐름이에요. 다만 한국은 아직도 예외적 태도를 보이고 있습니다. 여전히 국가 역할의 의미를 간과하는 사람들이 많아요.

2024년 불법 비상계엄 때 미국 경제 전문지인 〈포브스〉에서 당시 사건을 "GDP 킬러"라고 표현해요. 그러면서 코리아 디스카운트가 증명됐다고 합니다. 기업이 아무리 잘나가도 한국 정치 상황 때문에 투자받기 어려워졌다는 얘기입니다. 국제 투자자들이 뭘 믿고 한국 기업에 돈을 쓰겠어요. 실제로 계엄 전후로 경제 성장률이 뚝뚝 떨어졌습니다. 재정 위기와 함께 추락하기 시작한 우리 경제는 계엄 사태로 결정타를 맞았습니다.

계엄령 해제 후 국회에서 철수하는 군인들의 모습(2024년 12월 4일).

"국가 예산은 정치 투쟁의 결과"

정부 예산 분야 연구에 커다란 업적을 세운 정치학자 에런 월다브스키Aaron Wildavsky는 "예산은 정치 투쟁의 결과이자 기록"이라고 말합니다. 그만큼 정치와 밀접한 관계라는 뜻이겠죠. 그렇다면 이러한 정치적 판단이 경제에 어떤 영향을 미치는지 구체적으로 살펴보겠습니다.

지난 윤석열 정부는 감세 정책을 폈습니다. 당연히 세수가 줄어들었습니다. 그런데도 당시 경제부총리는 감세를 해도 세수가 줄지 않는다는 희한한 주장을 해요. 저는 '증거기반 정책'이란 말을 좋아합니다. 그런데 감세를 했는데 세수가 줄지 않는 실증 연구는 없어요. 감세에는 장단점이 있습니다. 증세가 절대 선도 아니고요. 감세가 맞다면 국민을 설득해야죠. 왜 거짓말을 합니까?

문제는 한 번 세법을 고쳐서 감세를 하면 그 감세의 영향은 다음 정부에도 영향을 미친다는 거예요. 정부가 종료되었다고 세법이 자동으로 바뀌는 것은 아니니까요. 과거 박근혜 정부는 증세 정책을 폈습니다. 당시 담뱃세 올린다고 해서 여론이 들끓었었죠. 또한, '연말정산 사태'라는 반발 속에서도 소득세수를 확대했습니다. 이렇게 어렵게 증세를 하면 국가 재정이 확충이 되지요. 그런데 박근혜 정부는 탄핵으로 임기를 못 채웠습니다. 그래서 증세를 통해 추가로 확충된 재정 여력을 자기 임기 동안 약 10조 원만 썼어요. 그리고 차기 정부인 문재인 정부에 약 20조 원의 증세 선물을 주게 되었습니다. 문재인 정부의 핀셋 증세는 상당 부분은 문재인 정부가 5년 동안 사용하고, 윤석열 정부에는 약 7조 원의 세수 선물을 주었습니다. 윤석열 정부는 증세가 아니라 감세를 했습니다. 이에 따라 윤석열 정부 기간 약 80조 원의 세수가 줄었어요. 문제는 윤석열 정부가 종료되었어도 윤석열 정부의 세법은 그대로 지속되어서 세법을 바꾸지 않는다면 이재명 정부 5년간 약 80조 원의 세수를 줄이게 됩니다. 윤석열 정부의 감세 정책을 되돌리는 세법 개정을 해야 하겠죠.

그럼 이러한 국가 정책이 우리 삶에 어떤 영향을 미치는지 보도록 하겠습니다. 통계청 자료를 보면 2023년도 우리나라 가구 소득 평균이 7100만 원입니다. 왜 이렇게 높지? 하고 생각할 수 있는데요. 가구원 소득을 전부 합친 겁니다. 거기에 사업소득, 재산소득 그리고 '공적 이전소득'이 더해집니다. 공적 이전소득은 국민연금이나, 아동 수당처럼 국가가 우리에게 주는 소득이에요. 2022년도 공적 이전소득이 평균 625만 원이고, 2023년도는 평균 613만 원입니다.

소득 분위별로 따져보겠습니다. 우리나라 1분위, 그러니까 하위 20%의 가구 소득 평균이 1500만 원입니다. 이 중 공적 이전소득이 650만 원 가까이 돼요. 절반 정도를 국가가 채워주는 거예요. 이분들 삶의 질을 국가가 책임지고 있다는 뜻입니다. 상위 20%, 즉 5분위를 볼까요? 가구소득 평균이 1억 6000만 원입니다. 거의 10배 차이가 납니다.

2022년도보다 2023년도 공적 이전소득이 줄어들었는데요. 이게 어느 가구에 영향을 미치는지 보겠습니다. 전체적으로 1.9% 줄었는데 1분위는 611만 원에서 646만 원으로 늘었어요. 기초생활보장제도가 강화된 게 요인이었습니다. 문제는 '차상위 계층'으로 불리는 2분위와 중산층이라고 말하는 3분위입니다. 2분위는 645만 원에서 595만 원으로, 3분위는 685만 원에서 655만 원으로 크게 줄어듭니다. 4분위는 616만 원에서 600만 원으로 조금 줄었는데 5분위는 566만 원에서 569만 원으로 살짝 늘어요. 중간층이 손해를 더 많이 본 겁니다. 가구 유형별로 보면 한 부모 가구의 공적 이전소득은 줄고 노인 가구는 늘어납니다. 다문화 가구가 크게 줄고 장애인 가구는 조금 늘어요.

공적 이전소득은 국가 입장에서 보면 예산 지출입니다. 이게 적절하게 작동해야 불평등이 완화됩니다.

핀란드 국민이 가난하지 않은 이유

시장소득과 가처분소득을 통해 상대빈곤율을 살펴볼 수 있는데요. 시장소득이란 벌어들인 돈이고 가처분소득이란 그중에서 세금, 대출금, 보험료 등을 빼고 실제로 자유롭게 소비할 수 있는 돈을 말합니다.

OECD 국가와 시장소득 빈곤율을 비교해보면 프랑스가 36%, 핀란드가 33%입니다. 우리나라는 20%예요. 이것만 보면 우리나라는 선진국 중에서도 선진국입니다. 그런데 가처분소득 빈곤율을 볼까요? 우리나라가 15%, 핀란드가 5.7%, 프랑스가 8.4%예요. 역전되었죠? 국가가 개입한 결과입니다. 핀란드의 경우 시장소득을 정부가 보전해주지 않는다면 국민의 3분의 1이 빈민으로 살아간다는 의미예요. 그걸 재정을 통해 해결한 겁니다. 우리도 그렇게 할 수 있습니다. 다만 새로운 패러다임이 필요해요.

다음은 우리나라 소득 계층별 편익 비교입니다. 나라에서 주는 혜택을 비교한 거예요. 우리나라 복지 제도 등을 통해 국가로부터 가장 많은 편익을 누리는 계층은 소득 하위 10%[1분위]입니다. 현금과 기타 서비스를 다 포함했을 때요. 그런데 그다음으로 많은 혜택을 받는 층이 차상위 계층인 2분위^{하위 10~20%}가 아니에요. 상위 10% 계층인 10분위입니다. 그다음이 9분위, 8분위, 7분위, 이렇게 내려와요. 이미 돈을 많이 벌고 있는 사람이 차상위 계측보다 더 많은 혜택을 보고 있는 겁니다. 이게 우리나라 복지 제도의 현실이에요. 소득이 조금 생겨서 기초생활보장제도를 졸업하게 되면 받을 수 있는 국가 지원이 거의 없어요. 각자 시장에서 해결해야 합니다. 예를 들어서 4대 보험 제도 혜택을 가장 많이 받는 게 정규직이에요. 회사에서 절반을 부담하니 꼬박꼬박 보험료 납부할 수 있습니다. 반면에 단기 노동자나 플랫폼 노동자 같은 비정규직은 가입하고 싶어도 못 해요.

과거에는 노후를 가족이 해결했었습니다. 부모가 늙고 병들면 자식들이 돌봤어요. 제도적으로도 그랬습니다. 생계급여 부양의무자 제도라는 게 있어서 직계 가족이나 배우자가 재산이나 소득이 있으면 나라에서 생계급여를 안 줬습니다. 2021년 폐지되기 전까지 그랬습니다. 하지만 의료급여 부양의무자 제도는 계속 남아 있습니다. 아직 갈 길이 멀어요.

우리는 경제학 시간에 시장에는 "보이지 않는 손"이 작동한다고 배웁니다. 그래서 사람들은 시장에서 '노오오오력'을 해서 효율성을 창출한 사람들이 부자가 된다고만 생각해요. 하지만 지금까지 우리가 확인했듯이 정부 예산이라는 또 다른 변수가 있습니다. 저는 이것을 "보이지 않는 발"이라고 부릅니다. 재정학 교과서에서는 예산을 결정하는 사람들인 관료, 이익 집단, 정치인을 일컬어 철의 삼각형Iron Triangle으로 표현합니다. 바로 이들이 우리나라 예산 700조 원을 주무르는 사람들이에요. 시민이 이들을 감시하고 때로는 직접 관여해야 하는 이유입니다. 그랬을 때 우리 삶의 질은 획기적으로 달라질 수 있어요.

결과적으로 우리를 부자와 가난한 사람으로 나누는 것은 시장만이 아닙니다. 시장소득이 아니라 가처분소득이 중요하고, 이는 국가의 역할에 따라 크게 달라져요. 국가의 법과 제도, 예산을 활용하면 많은 사람이 걱정 없이 잘살 수 있어요.

국가 재정은 정치이자 경제다

마지막으로 역대 정부의 재정 철학을 정리하고 강의를 마치도록 하겠습니다. 국가 재정에는 삼중 모순재정의 트릴레마이 존재합니다. 높은 복지 수준, 낮은 조세 부담, 낮은 국가 채무를 동시에 이룰 수 없어요. 복지 수준을 높이려면 돈이 필요하고 그러려면 조세 부담이 높아지거나 국가 채무가 늘어납니다. 국가 채무를 줄이려면 지출을 줄여야 하니 복지 수준이 낮아질 수밖에 없고요. 그런데 우리는 절대로 삼중 모순을 벗어날 수 없다는 사실을 정확이 인지해야 합니다. 세금은 적게 내고 복지는 좋아지면서 국가 채무는 낮아졌으면 좋겠다고 생각해요. 불가능한 일입니다. 셋 중에 하나, 둘은 반드시 포기해야 해요. 중요한 건 균형입니다. 어느 수준에서 맞출지 결정해야 하고 그건 그 정부의 정치 철학과 깊은 관련이 있어요.

이명박 정부는 엄청난 감세 정책을 폈습니다. 당연히 GDP 대비 국가 수입이 감소했겠죠. 국가 지출은 어땠을까요? 4대강 사업이니 뭐니 하면서 상당히 증가했을 거로 생각하지만, 그렇지 않았습니다. GDP 대비 지출 수준은 이전과 비슷했어요. 수입은 줄고 지출은 유지했으니 재정 여력은 줄어들었죠. 박근혜 정부2013~2017년는 세수를 늘렸습니다. 지출은 어땠을까요? 당시 경제 정책은 말로는 적극적인 경기 부양을 하겠다는 '초이 노믹스'를 내세웠죠. 그런데 실제 재정 데이터를 보면 GDP 대비 재정 지출은 오히려 감소했어요. 수입은 늘고 지출은 줄었으니 재정 여력은 좋아졌습니다.

그다음에 들어선 문재인 정부2017~2022는 증세 정책을 폈습니다. 지출은 코로나19 팬데믹을 계기로 많이 늘어나죠. 재정 여력은 이전보다 줄어듭니다. 윤석열 정부2022~2025년는 잘 아시다시피 감세 정책으로 수입이 크게 줄어듭니다. 지출도 줄었지만 수입 감소가 이를 압도했습니다. 재정 여력이 줄어들죠.

문재인 정부 마지막 해인 2022년 국세 수입은 396조 원이었습니다. 그런데 윤석열 정부 2년 만에 337조2024년로 감소합니다. 무려 15%나 감소한 건 무척 이례적인 일이에요. 이렇게 세수가 많이 주는 일은 대단히 극단적인 일입니다.

경제 성장률이 마이너스가 아닌 이상 세수가 줄 일은 별로 없어요. 당장 물가만 올라도 부가 가치세는 외려 더 많이 걷히잖아요. 코로나19 때인 2020년 세수는 2.7% 줄었죠. 금융 위기 때 1.7% 감소했습니다. 우리에게 커다란 상처를 안겨준 1998년 IMF 사태 때도 세수는 3%가 줄었습니다. 그런데 2023년, 2024년 2년 동안 세수가 15% 준 것은 대단히 극단적인 일이죠.

우리나라 2025년 국내 총생산이 약 2500조 원이에요. 그리고 국가 예산이 약 700조 원이에요. 이 돈이 어디에 쓰이느냐가 우리 경제에 큰 영향을 미친다는 건 너무도 자명한 사실입니다. 결국 이건 정치의 영역이에요. 어떤 계층을 지원할지, 어떤 산업에 투자할지는 국민이 뽑은 사람들의 철학에 달렸어요. 오늘날 우리 한 사람 한 사람의 살림살이를 결정하는 것은 시장만이 아닙니다. 앞서 다른 나라의 사례에서도 보았듯이 국가가 어떻게 시장을 규제하고 소득 재분배를 어떻게 하느냐에 따라 삶의 질이 달라집니다.

한 나라의 재정은 정치이자 경제입니다. 지금부터라도 많은 분이 이 분야에 좀 더 관심을 가져주기를 당부드리며 강의를 마치겠습니다.

이미지 출처와 페이지

국사편찬위원회 168
서울특별시 98
위키백과 18, 50, 119, 193, 218